基层图书馆实务丛书

中国图书馆学会策划

执行策划：卓连营

基层图书馆公益讲座

主　编　王惠君

副主编　温树凡　柯　静

国家圖書館出版社

图书在版编目(CIP)数据

基层图书馆公益讲座 / 王惠君主编.—北京:国家图书馆出版社,
2011.4

(基层图书馆实务丛书)

ISBN 978 - 7 - 5013 - 4013 - 2

I.①基… II.①王… III.①基层图书馆—图书馆工作 IV.①G258.2

中国版本图书馆 CIP 数据核字(2010)第 218805 号

责任编辑:金丽萍 高爽 杨璇

书名 基层图书馆公益讲座
著者 王惠君 主编

出版 国家图书馆出版社(原北京图书馆出版社)
　　 (100034 北京市西城区文津街 7 号)
发行 010 - 66139745 　66151313 　66175620 　66126153
　　　　　66174391(传真)　　　66126156(门市部)
E - mail 　btsfxb@ nlc. gov. cn(邮购)
Website 　www. nlcpress. com→投稿中心
经销 新华书店
印刷 北京华艺斋印务有限公司

开本 880×1230(毫米) 1/32
印张 7.25
字数 170 千字
版次 2011 年 4 月第 1 版 2011 年 4 月第 1 次印刷

书号 ISBN 978 - 7 - 5013 - 4013 - 2
定价 35.00 元

本书出版，

得到中国图书馆学会的经费支持

图书馆即是教育

——《基层图书馆公益讲座》序

王余光

早在 1927 年,李小缘先生在他的《图书馆学》一书中就提出:图书馆即是教育。他在介绍美国情况时说:

> 美国人眼光中,目图书馆为社会教育必有之机关。且谓图书馆为教育中之重要分子。……学生在学校,务求养成爱读书及爱读书习惯,训练用公共图书馆之方法无微不至,使中学学生而升学,则知用大学图书馆;万一不能升学,宣布与学校脱离关系,不至于与教育脱离关系,仍可在谋生余暇之外,借公共图书馆,继续研究学问。……教育家向称公共图书馆为平民大学。(《图书馆学》第一章,第四中山大学 1927年铅印本)

教育的责任主要由学校来承担,但学校教育是有阶段性的,且高层次教育对受教育者也是有选择性的。因而,图书馆就应当承担起社会教育的责任,特别是公共图书馆,对所有人开展社会教育,免费的,既无阶段性,亦无选择性。这不仅是公共图书馆的一种责任,同时也是图书馆人的一种理念。

近百年来,中国图书馆事业发展几经曲折,经济滞后、战乱、政治运动等,严重影响了图书馆的发展。图书馆在开展社会教育方面,更是乏善可陈。近十余年来,随着中国经济的发展,图书馆在馆舍、基础设施上有很大的改进。在一些城市,最漂亮的建筑是图书馆,如深圳图书馆、南京图书馆与金陵图书馆等。图书馆工作人员的文化素质、学术水平也有前所未有的提高。这为图书馆开展社会教育提供了必要的条件。

公共图书馆开展社会教育的方式与途径是多方面的,其中举办公益讲座是一个很重要的举措。这一举措深受民众欢迎,有着深刻而广泛的社会影响。如佛山图书馆已连续 15 年举办公益讲座,在民众中产生了巨大的社会效益。正如该书在第一章中所说:

> 15 年来,佛山市图书馆报告厅就像一块磁石,吸引着越来越多的听众参与到讲座中来。讲座如今已拥有了一批固定的听众群,除了知识分子、政府官员、企业家、家庭妇女、大学教授、中小学教师、学生外,也有普通的打工仔,远远超出了当初的预想。

我本人在近几年也参与公共图书馆的公益讲座,对此不仅有切身的体会,而且参与其中,并对听众的求知热情深为感动。有些讲座,不仅受听众关注,新闻媒体也参与其中,予以报道讲座内容,让讲座的效益更加扩大。

2006 年,中国图书馆学会阅读推广委员会在东莞图书馆召开成立会,我在图书馆作了一场"让阅读成为我们生活的一部分"的讲座。后来,《中华读书报》刊载了我的这篇演讲稿,编者在按语中说:

> 从 4 月 4 日起,连续 6 期推出以倡导阅读为主题的系列报道和文章,专题取名"书香中华",寓意希望人们重拾阅读的乐趣,书香遍中华。……考虑到读者朋友分散在各自的社会生活当中,如果大家都能行动起来——比如在恰当的时候做一点小小的提醒或是劝说,也许就会有新的力量加入到"我们"当中。从这个意义上讲,本期本版所刊北京大学教授、博士生导师王余光先生的演讲稿,尽管是"书香中华"专题的结束,但"让阅读成为我们生活的一部分"的美好期嘱,也许会从此在更大的范围内生根发芽。(《中华读书报》2007年 5 月 16 日)

显然,图书馆公益讲座不仅普及知识,在推广人们阅读上,也有重要作用。2009年我受东莞图书馆之邀，在该馆作了一场"阅读，与经典同行"的公益讲座。不久，《光明日报》全文刊载了这篇两万字的讲稿，以期让更多的人了解讲座的内容。《阅读，与经典同行》在《光明日报》2009年4月30日刊出不久，除一些网站转载外，《新华文摘》《新华月报》《教育文汇》等杂志亦加转载，《新华文摘》与《新华月报》还将讲稿题目放在封面上，向读者重点推荐。2010年，《光明日报》"光明讲坛"专栏与东莞图书馆合作，又邀我作"时代转型 阅读永恒"的公益讲座。"光明讲坛"主持人说：

> 4月23日是世界读书日。读书，就个人而言，是学习最基本最重要的途径；就社会而言，则如高尔基的名句——"书籍是人类进步的阶梯"。传承华夏文明、涵养民族气质、培育民族精神、提升国家创造力——读书，是绕不过去的必经之途。从夏彝商尊的金文，到两汉碑刻的拓片；从晋唐书迹的遗墨，到宋代刊刻的善本；从工业时代的印刷，到网络新兴的电纸书，社会不断发展，书籍的载体和阅读的方式不断改变，但是阅读的习惯和崇尚阅读的社会风气，应该是永恒的。
>
> 这次，光明讲坛与东莞图书馆合作，请来王余光教授谈谈阅读文本的变迁和当代的社会阅读习惯。在东莞这座城市谈阅读也更有意义：某种程度上这里就像当今中国的缩影，经济发展了，怎样通过阅读，提高人的素质，最终使一座城市持续健康发展呢？（《光明书报》2010年4月22日）

《光明日报》不仅全文刊登了这篇演讲稿，还刊登了一些专家与听众在演讲后的对话。

以上三次公益讲座，媒体都全文刊发了演讲稿。这不是说我的演讲稿有多么精彩，应当看到，图书馆公益讲座受到了媒体的高度关注。我以为，近年来公共图书馆举办公益讲座，其影响已超越了图书馆界，在民众生活中及社会上都有广泛的影响。

就我所知，不少图书馆，如省级图书馆有湖南图书馆等，市级图书馆有佛山、东莞、苏州、深圳、武汉、金陵、中山等，县级图书馆有山东青州等图书馆,在举办公益讲座上都取得了十分引人注目的成绩,也积累了不少经验。但是,也有不少图书馆在举办公益讲座上经验不足,在组织、策划上没有特色,讲座影响力不够,难以持续发展。有鉴于此,由佛山图书馆王惠君先生牵头,组织编写了这本《基层图书馆公益讲座》。佛山图书馆在王惠君先生的带领下,有着十几年举办公益讲座的经历,积累了十分丰富而宝贵的经验。由他们来编写这本书,可谓是适得人选。

《基层图书馆公益讲座》讨论了图书馆公益讲座的基本内容,图书馆公益讲座的策划、组织,图书馆公益讲座的团队及可持续发展等问题,对现实中图书馆开展公益讲座所存在的问题,一一加以分析解决,是图书馆开展公益讲座的一本有益的指导性教科书。

我期待着这本书早日出版,更可期待的是,这本书为推进我国图书馆公益讲座事业健康快速发展,一定能够作出重要贡献。

2011 年 2 月 6 日于北京大学畅春园

目　录

第一章　图书馆公益讲座概述

第一节　讲座的起源

一、语言对于人类的意义

中国传统文化的基干之一、儒家的创始人孔子在《论语》等基本经典中,多次强调"言"的重要,作为述者的孔子,删述六经,宪章文武,多次对自己的学生强调"言"的重要:"君子食无求饱,居无求安,敏于事而慎于言,就有道而正焉,可谓好学也已。""必也正名乎! 名不正,则言不顺;言不顺,则事不成;事不成,则礼乐不兴;礼乐不兴,则刑罚不中;刑罚不中,则民无所措手足。故君子名之必可言也,言之必可行也。君子于其言,无所苟而已矣。"语言对于人类的意义,同样可以从西方文化经典《圣经·旧约》中的两则寓言看出来。以色列的古代贤哲们说"世界造就于十句话之中"就形象地说明了语言对于人类的巨大作用。语言通,则世界为之改变;语言阻,则大事难成。

(一)语言是人和动物的最后分界

文化的存在、人类的文明取决于人类创造和使用符号的能力,语言是最重要的符号手段,语言已成为人和动物的最后分界。人们曾经将人定义为:会使用工具者,但黑猩猩也会用石块砸核桃,拿石块,很难说跟考古发现的旧石器有本质差异。使用这一标准既不可靠,只好水涨船高,提高标准,将能否制造工具作为人与动物的分界,但人们很快又发现,黑猩猩会折断树枝成尖端,并将去枝叶,这与最初人类的长矛十分相似。有人又将是否具有自我意识,视作人和动物的分界,但动物学家观察到,黑猩猩会对着镜子,试图擦去实验人员特意画在它脸上的红点,说明黑猩猩也认得自己,显然有"意识"。人类自封的万物之灵称号,越来越受到考验。尽管语言能力也有争论,但人统治世界的秘密,就在语言,倒是不争的事实,如今一个笼统的词汇,就是"话语权",表明,语言就是力量。

(二)文化的最重要符号就是语言

语言人类学家莱斯利·怀特认为,所有人类行为都源自符号,并用符号为人类定义。而文化最重要的符号就是语言。借助语言,人们能够把文化一代又一代地传递下去,语言尤其使人们能够从累积的、共享的经验中学习。没有语言,一个人无法告知其他人他们所不了解的事情。正因为语言,使人类每一个体的实践和智慧,可以成为全人类的经验,也就使人类可以相对轻易地学习到他人实践的成果,避免一切从零开始。没有语言,我们所知的人类社会就不可能产生,不可能存在,不可能发展。

19世纪以来,民俗学对那些没有书面文字记载的故事、信仰和习俗的研究,越来越成为一个与人类学相关但又相对独立的学科。一个氏族、一个部落、一个民族、一个王朝的历史,和对世界的理解与想象,都浓缩在代代相传的口头艺术中,这些口头艺术包括史诗、叙事、戏剧、诗歌、咒语、谚语、谜语、歌谣等。在最初的文明中,巫师、长老、行吟诗人、瞽师等跟语言使用相关的人员,在部落和王朝中,担任了极为重要的角色。现存最早和较早的各民族经典,也往往有很多是对于相传甚久的口头艺术的书面记录。

例如西方文化最伟大的文学经典之一、希腊最早的一部史诗《荷马史诗》取材于特洛伊战争,叙述了特洛伊战争中和战争后的古代英雄们的事迹,相传是由盲诗人荷马所作,实际上它产生于民间口头文学;中国藏族人民集体创作的一部伟大的英雄史诗《格萨尔王传》,是世界上迄今发现的史诗中演唱篇幅最长的、唯一的活史诗,至今仍有上百位民间艺人在中国的西藏、内蒙古、青海等地区传唱着英雄格萨尔王的丰功伟绩;在中国传统文化经典中,《诗经》305篇中的"风"、"雅"全部是传唱口头的作品。据朱自清先生的研究,"中国的记言文是在记事文之先发展的"。可见,语言对于文化的建构是最重要的,它比其他任何符号体系都更为全面地建设和传递文化。

二、讲座的起源

（一）人类的交流——从文字到对话

在影响人类文明进程的所有发明中，包括火、陶器、工具、农业、冶炼乃至集中统一的政府形式等在内，文字是最晚出现的，而且随着文字文明发展的国家，最终变成了最为强大的征服力量，这力量从东亚和两河文明起源，扩展到非洲、欧洲、美洲和澳洲。语言落为文字，人类思想的传播交流，就基本上彻底克服了时间和空间的局限，使思想观念的传播广度、深度和密度空前地加大。按理说，这样人类就应该能更为方便的相互沟通和理解了。

然而，正如老子在《道德经》中所说的一样，"万物负阴而抱阳，冲气以为和"，任何事物都包含着自身相对相反的力量，文字也一样！文字固然是人类目前使用最普遍、也最为有效的信息交流符号。是不是人类的交流就一定很顺畅呢？效果远非如此；不同语种之间在翻译过程中，远不是百分百对等；即使同一语种中，不同方言区间以及不同时代之间，即使同一词汇，包含的意义也许就有相当的差别；即使共同使用的概念，在不同的接受者耳中眼中，也因为个人的成长背景、性格经历、文化环境、受教育程度和理解能力不同，有相当大的分别——在某种程度上，甚至可以说，人类的误解、曲解、甚至争端与战争，都可能是因为对文字的理解差异而造成的。因此，面对面的对话，即使在今天信息交流异常方便，地球已然一村的时候，仍然非常重要，甚至更为重要。

（二）东西方文明的关键时期——"轴心时代"

历史进入到德国哲学家雅斯贝尔斯所说的"轴心时代"，就已经有足够丰富的史料来揣摩当时在东方和西方文明的关键时期讲座的基本形态了。雅氏在1949年出版的《历史的起源与目标》中说，公元前800至公元前200年之间，尤其是公元前600至前300年间，是人类文明的"轴心时代"。"轴心时代"发生的地区大概是在北纬30度上下，就是北纬25度至35度区间。

这一区域有着后来统领全球的古文明:幼发拉底—底格里斯两河文明、尼罗河文明、地中海文明、印度河文明、黄河—长江文明。而无一例外的,这个地区驯化了世界上最主要的农作物和大型有蹄食草哺乳动物,如小麦、稻、黍、棉花、高粱、驴、马、牛、猪、羊等,也正是主要农作物和家畜的结合使用,使这一地区的农业文明最先发生。农业文明在人类进化过程中,有着伟大的历史意义。与游猎和采集文明相比较:固定的居所和相对稳定的生活,缩短了生育间隔期而使人口稠密起来;定居生活使多余的粮食可以储藏起来,从而养活不直接生产粮食的专门人才,使细致的社会分工成为可能并加速。

等到分工使国家、王朝这样超越血缘、地域的复杂社会组织出现,到了"轴心时代"的时候,"发生在公元前八百至二百年间的这种精神似乎构成了这样一个'轴心',正是在那个时代,才形成今天我们与之共同生活的这个'人'。我们就把这个时期称作'轴心时代'吧,非凡的事件都集中发生在这个时期。中国出现了孔子和老子,中国哲学中的全部流派都产生于此,接着是庄子、墨子以及诸子百家。在印度,是优婆沙德和佛陀的时代,正如在中国那样,各派哲学纷纷兴起,包括怀疑论和唯物论、诡辩术和虚无主义都发展起来。在伊朗,左罗阿斯脱(又译琐罗亚斯德)提出了他关于宇宙过程的挑战性概念,认为宇宙过程就是善与恶之间斗争的过程。在巴勒斯坦,则出现了许多先知,如以利亚、以赛亚、耶利米、后以赛亚。希腊产生了荷马,还有巴门尼德、赫拉克利特、柏拉图等哲学家、悲剧诗人,修昔底德和阿基米德。所有的这些巨大的进步——上面提及的那些名字仅仅是这种进步的表现——都发生于这少数几个世纪,并且是独立而又几乎同时发生在中国、印度和西方"。

(三)缔造一种社会精神——毕达哥拉斯兄弟会

轴心时代的学术同仁团体在希腊还有众多,以毕达哥拉斯定理而垂名后世的毕达哥拉斯,其成就就包括诸多方面。毕达哥拉斯是"哲学家"这一名词的创造者,数学史上最有影响而最为神秘的人物之一,他创办的兄弟会也是轴心时代古希腊非常重要的学术团体。他在政

4

治上不受欢迎,他的变革社会的观点不被接受,跟四处推行王道到处碰壁的孔夫子有类似之处;不同的是,毕达哥拉斯逃离了家乡,孔子回到家乡;孔子开门办学有教无类,毕达哥拉斯闭门创"会"。毕达哥拉斯从家乡逃到克罗敦,在那里遇到富有的米洛的理想赞助,米洛留出他家的一部分房子,供给毕达哥拉斯足够的房间来建立学校。于是,最有创造性的头脑和最有力量的身躯结成了伙伴关系。安置好他的新家后,毕达哥拉斯建立了毕达哥拉斯兄弟会——一个有600名追随者的帮会,这些人不仅有能力理解他的讲课,而且还能补充某些新的想法和证明。毕达哥拉斯缔造了一种社会精神,它改变了数学的进程。会中有严格的规定,必须坚守秘密,研究成果只能在团体成员中分享,不能泄露。类似学术团体的学术活动,今天虽不能与闻当时活动的细节,但无疑,讲座的方式,无论从形式到内容,都已具足。

(四)开中国史上民间自由讲学之第一声——"杏坛"

中国是一个宗教情绪不强的国家,自古而然,因此有人说,如果中国有宗教,就是"教育教"了。轴心时代的中国,当春秋末年。其时,周室衰微,"天子失官,学在四夷"——孔子面对的就是这么一个礼崩乐坏的时局,但他却承接了三代重教的传统,开创了中国向社会开放向平民开放教育的崭新局面:在政治运动失败后,通过整理文献向平民开放教育的"有教无类"的伟大活动,影响中国学术、思想乃至社会政治两千多年,留下了"杏坛"讲学故事。杏坛显然是讲坛,孔子因材施教、不愤不启、不悱不发、灵活的教学方式,在《论语》《礼记》《孔子家语》等典籍中有生动的记载。孔子因抱改革天下之宏愿,故政治活动之外更注意于教育,开中国史上民间自由讲学之第一声。孔子在未为鲁司寇以前,已有许多弟子,如颜渊、子路、冉有、宰我、子贡之徒是也。孔子老年返鲁以后,又有许多弟子,如子游、子夏、子张、有子之徒是也。大抵孔门前辈弟子,多颇有意政事实际的活动;后辈弟子,则多偏向于诗、书文学的研讨。孔子的政治活动失败了,而孔子的教育事业却留下绝大的影响。孔子是开始传播贵族学到民间来的第一人。孔子是开始把古代贵族宗庙里的知识转换成人类社会共有共享的学术事业的第一人。

（五）中国学术史上最为辉煌灿烂的时期——"百家争鸣"时代

和孔子同时或稍后的诸子百家，养士游说，攻讦辩难，开创了中国学术史上最为辉煌灿烂的"百家争鸣"时代。不仅仅是儒家通过广招门徒、著书立说等方法传播自己的学说，道家、法家、墨家、兵家、医家、名家、农家、纵横家、小说家，莫不如是。塾、庠、序、学等教学机构的存在，比年、中年、一年、三年、五年、七年、九年严格的考校程序，离经辨志、敬业乐群、博习亲师、论学取友、知类通达、强立不反等具体的学习内容和考校标准，以及化民易俗、近者说服、远者怀之的教学成绩，通过官学和当时私学的文献叙述，大概可以判断，在春秋战国时期，"讲座"这一形式，已经大备。每一家、每一流，聚徒讲学，延师督课，直接开创了中国以后官学、私学、书院之学的传统。释家于东汉末年传入中国之后，之所以能迅速融入中国文化，固然是佛家传统思想和思维模式与中国传统文化有相近之处，也跟佛家在建筑格局、丛林规范、开示讲经等方式迅速华化有关。不论是我们后来所称的九流十家还是诸子百家，互相之间的争鸣交流，局面之盛，时间之久，成果之富，效果之彰，历两千五百年之久，而罕有其匹，书写了中国学术史上最为光辉的一页。

第二节　讲座的形式与类型

一、历史上讲座的形式

王松涛在"'对话·社会·教育'译丛"的总序"关于对话"中将人类交流的方式各以一字来概括，曰：聊、辩、商、谈。

聊，就是聊天、闲谈，大概类似孔子所谓"群居终日，言不及义"，海阔天空，东扯西拉，没有明确的目的，只为消磨时间，唐代诗人李涉在《题鹤林寺壁》中所描述的"因过竹院逢僧话，偷得浮生半日闲"就是最典型的例子。

辩，就是要双方在辩论的过程中，提出对自己有利的证据，利用最雄辩的逻辑手段,达到说服对方相信自己所有观点,至少从气势上压服对方的效果,但往往,辩的结果是口服心不服。

商,就是双方在交流开始的时候,并没有一个特别明晰的观点和结论,随着交流的深入,双方都做出预期中应有的让步,彼此妥协,达成一个最后双方都比较满意的结果,这结果往往你中有我,我中有你。

而谈的本质在于它关心的是真正的真理所在,绝不对真理做任何的折中和妥协。它不在乎谁输谁赢,它也不关心谈话是否一定要达到一个结果,它追求的是平等、自由、公正地进行交流和沟通。谈话者之间互相尊重彼此的人格、观点和观念,能够形成充分的友谊感和信任。每个人都认真地倾听他人的意见和想法,每个人也都能彻底地表达出他内心深处最真实的想法和看法,然后让不同的观点和意见之间彼此碰撞、激荡、交融,从而让真理脱颖而出。

二、中国历史上讲座的几个类型

即使在一个宽泛的背景下,讲座也需要有相应的物质资源和组织资源的保证,也主要是解决困扰人类生产生活的观念问题,更多的是围绕着学术的传承、观念的澄清、问题的探讨等精神文化方面,所以,讲座更多地存在于有组织的学术团体。从中国历史来看,产生最主要影响的讲座类型存在于官学(包括从中央政府的国子监、太学到各级地方政府举办的学校)、私学(从孔子时代的聚徒讲学到三家村的私塾)、佛道两系的僧团传承以及士绅之间的结社。这里,将重点讨论一下制度化的官学、介于官学私学之间的书院、士绅结社和佛教谱系的讲座形式。

(一)官学

官学中等级最高也最重要的是太学以及后来的国子学。太学之名始于西周,汉代始设于京师。西汉官制本承秦制,中央政府以"三公九卿"地位最高,其中九卿中,隶属太常的博士是专以学术为职志的。汉武帝时,董仲舒上"天人三策",提出"愿陛下兴太学,置明师,以养天下之士"。建元六年(公元前135年)在长安设太学,由博士任教授,初设五经博士专门讲授儒家经典《诗》《书》《礼》《易》《春秋》。宣帝时博士增至十二人，王莽当政时，又增至三十人。"博士官却具有自身的特性，这个特性就是反映了它是否有知识，所以稀罕博士是以才智和学识为先决条件的，即使是东汉后期选拔不严，也没有一个不学无术者"。学生称为"博士弟子"或"太学弟子"。太学初建时为 50 人，汉昭帝时增至 100 人，王莽时更增至 10 000 人。"博士弟子入选"，内由太常负责选择，外由郡国察举。武帝还下令天下郡国设立学校官，初步建立起地方教育系统。到了南北朝的萧梁时期，也许因为皇帝重文，在中央官制中，"国学"独立，"置祭酒一人，博士二人，助教十人，太学博士八人，又有额外博士员。天监四年（公元 505 年），置五经博士各一人。梁武帝欲招徕后进，选用俊才，规定不限贵贱，寒门子弟可引进五馆，不拘人数"。魏晋至明清或设太学，或设国子学，或两者同时设立，均为传授儒家经典的最高学府。政府专立学校，有专门的官员负责管理教学事务，"同是教官，名目亦不同，府学名曰教授，州学名曰学正，县学名曰教谕，这都算是正堂；此外又都有助教一人，无论府州县，都名曰训导，掌学中生徒训迪之事，统名为教官"。可以说，中国的官学教育，到明清，已然大备。教授形式，除自学外，就是"师者"的传授了，这传授的方式，最主要的，就是讲座。

（二）书院

中国古代恢弘的学术传承中，传统悠久、范围广大、学殖深厚的书院，是官学之外，在教育方面的最大补充，是中国特有的文化教育组织模式。"它兴起于中唐，雏形于晚唐五代，鼎盛于宋元，持续和普及于明清"。从《中国书院史》一书所附《历代书院名录》草计，从唐五代开始到清末 1200 年间，全国各地各类书院近 4000 家，一些著名书院如岳麓书院，更历千年而不衰，这些书院在地方乃至中国文化教育上，发挥了巨大作用。从教育发展史来看，书院教育有许多独有的特点和优良传统。例如：书院既是教育机关又是学术研究机构，教育与科研密切结合，凡是著名的书院，往往都是一个学派的学术研究和传播的基地，有其在学术上与学风上的特色；书院重视"讲明义理"的学术争辩和学术交流,允许不同学派讲学,体现学术自由、"百家争鸣"的精神,特别是宋明时期盛行的"讲会"制度,成为书院讲学的重要方式,促进了学术文化的发展;书院以德操、学问为重,开放讲学,著名学者,名师大儒,可以在几个书院轮流自由讲学,听者也不限制地区和本院生徒,常有学生不远千里慕名而来,求学问道,"探性理之要,询治道之原",形成国内游学的繁荣局面。

虽然我们今天无从得知更多书院讲座的细节,但书院对一地风气尤其学风的影响,仍然有相当的蛛丝马迹。就以首建于嘉庆年间、扩建于道光十年的佛山田心文昌书院来说,乡志记载就有"乡人士课文咸集于此"、"各乡闻风而来会文者多至四五百人,极一时之盛焉"等语。乡志还说,"南海科第甲于广郡,佛山科第甲于南海"。佛山在明清两代能一跃成为"天下巨镇",在最高行政长官不过南海县分防同知的大背景下,书院除了对科第的贡献外,更是挽结士绅、维护公权的重要力量。

(三)结社

未入仕或已致仕的读书人,往往因为地缘、兴趣、志向、理念等关系而结社,月旦人物,衡诗论文,砥砺气节,清议时政,形成对国家政治监督的一支重要力量。这样的力量,在明清两代,更几乎卷入中央政治的所有核心事件,甚至是国变之时不能忽视的重要因素,有名的社如东林党、复社、几社、南社等均如此。著名明史专家谢国桢先生,十分肯定明末清初的学术地位,谢先生认为,不可回避的就是当时的党社运动。明朝士子结社的风气不始于明末,明朝的读书人士以文会友,诗酒唱和,提倡风雅,南京为明朝的留都,人文荟萃之地,自从明嘉靖以来,白下青溪,结社之风已经很盛。东南士子的结社讲学,不仅影响到当时政治走向的大局,经世致用的学术方向、脚踏实地的研究方法,甚至可以说,开辟了清朝中期乾嘉学派的先河。

(四)讲经说法

从讲座的词源可知,讲座应用最多最常见的场所,就在寺院。经律论三藏,在汉传佛教中,洋洋大观,是佛门弟子研习的基本文献。唐开元年间,释智昇就编有《开元释教录》,载有佛典 1076 部 5048 卷;宋太祖开宝四年(971 年)开刻,太宗太平兴国八年(983 年)完成的《开宝藏》,分为 480 帙;明代御刻藏三次,其中《永乐北藏》在永乐十九年至正统五年(1421—1440 年)在北京刻成,收佛典 1657 部 6361 卷;清代《乾隆藏》,雍正十三年至乾隆三年(1735—1738 年)在北京刻成,收佛典 1670 部 7167 卷;1982 年,《中华大藏经》编辑局成立,重印大藏经,印成的《中华大藏经(汉文部分)》正续两编收佛典 4200 余种 23 000 余卷。如此卷帙浩繁的典籍,真可谓皓首而不能穷经。讲座更是佛教各派各系传道统和法统,日常经典学习的常用形式。除了参加劳动外,僧众每日的共同宗教活动包括"朝暮课诵",一年之中实行"冬参夏讲",即冬坐禅、夏讲经学律。这样严格的制度安排,高僧大德的讲经说法,保障了三藏文献的系统学习和传承。讲座,也成为汉化佛教丛林生活的一个有机部分。

第三节　公益讲座与图书馆公益讲座的兴起

一、公益讲座的定义

　　"讲座"这个词在《辞海》中解释为:"讲座:亦作'讲席',学者讲学或高僧讲经的作为。"《汉语大词典》对"讲座"作如下解释:"讲座:①高僧说法或儒师讲学的座位。南朝梁宝唱《比丘尼传·宝贤传》:'贤乃遣僧局卖命到讲座,鸣木宣令尼诸尼不得辄复重受戒。'《朱子语类》卷七九:'(陆象山)于是日入道观,设讲座,说"皇极",令邦人聚听之。'明吴宽《桂岩书院铭》:'桂岩种德,旧扁在此,讲座有铭,敢效遗轨。'②一种教学方式,多利用报告会、广播、电视或刊物连载的方式进行。如:法律常识讲座。"

　　公益讲座这个词由两个部分组成:公益和讲座。公益讲座是讲座的下位概念,外延要小一些,内涵要丰富一些。首先,"公益"一词,在《汉语大词典》中的解释为:"公共的利益(多指卫生、救济等群众福利事业):热心公益。"而《辞海》和《辞源》则没有收录。可见,公益这

10

个词是晚近才出现的,也可以说是西学东渐以至民国以后才可能出现在公众的视野里的。在一个"普天之下,莫非王土;率土之滨,莫非王臣"的君主专制时代,臣民的生杀予夺之权都操在君王朝廷之手,天下都是皇帝的私产,官职和俸禄都是皇帝的恩典,甚至被逼自尽的朝廷命官还要叩谢"皇恩浩荡"!更不用说普通百姓了。这样的大背景下,也很难谈得上"公共的利益"。

通过对公益和讲座词义的简单梳理,结合当今图书馆公益讲座的实践,可以将公益讲座描述为:面向公众开放、关注公共利益、由主讲人和听众共同参与交流的言论活动,它特别强调开放、平等和互动。公益讲座,是交流观点、碰撞思想、求取共识的一个小小平台。这样的平台多了,社会的整体和谐才有可能。

二、图书馆公益讲座的兴起

图书馆公益讲座的兴起,主要包括如下几个方面原因:

(一)社会的需求

现代的中国社会,由于商品经济在主导地位,消费主义和商业主义凌驾于意识形态而上之,成为新的意识形态,因此,媚俗倾向颇严重。1990年出版的《娱乐至死》一书中说:"在美国,上帝偏待的是那些拥有能够娱乐他人的才能和技巧的人,不管他是传教士、运动员、企业家、政治家、教师还是新闻记者。"在当今社会,这样的娱乐精神也充斥着我们的媒体和社会文化生活。无所不在的浅层娱乐充斥在社会的各个方面,社会的精神文化生活不容乐观,而讲座以进取的社会精神、普世的人文关怀,与广大民众共同搭建了一方舞台,为媚俗倾向颇严重的当今社会带来了一股清新的气息。

此外,公民社会的本质特性就是民主和法制,就是社会事物的公开,就是信息的通达和社会民众表达的方便。随着各种各样的信息渠道向市民开放,信息公开、信息共享的呼声越来越高。所以,凡是媒体的对话节目、访谈节目、民生热线等都受到全社会的关注。短短几年,凤凰卫视的"世纪大讲堂"、湖南卫视的"新青年"等迅速成为名牌节目就是最好的例子。讲座在这一潮流中顺理成章地可以成为一个发布信息、传播思想的平台。

（二）市民的需求

在中国，行政地域大小和思想资源的疏密往往成正比，一般中小城市缺少高档次的大学、研究机构和大型的文化机构，人才资源相对稀缺，造成了市民的精神文化生活相对贫乏，文化欲求受到抑制。而类似娱乐影视作品和卡拉 OK 等能风靡一时的活动，也越来越不能满足人们温饱以后越来越高和越来越多元化的文化需求，这就使图书馆办讲座有很大的拓展空间。

从最先开始尝试做讲座的珠三角图书馆，如佛山市图书馆的实践来看，公益讲座的出现，使广大市民真切地感受到了一种积极的文化态度。市民对类似于讲座这种比较注重学术含量和文化品位的精神文化活动，有着强烈的兴趣和热情。15 年来，佛山市图书馆报告厅就像一块磁石，吸引着越来越多的听众参与到讲座中来。讲座如今已拥有了一批固定的听众群，除了知识分子、政府官员、企业家、家庭妇女、大学教授、中小学教师、学生外，也有普通的打工仔，远远超出了当初的预想。

（三）公共图书馆功能的多元化

在近代，公共图书馆的功能发生较大的转变——从单一的藏书楼的藏到注重用，以至到今天衡量图书馆办馆效益主要看其服务社会的深度和广度，图书馆的社会文化功能越来越加强，公共图书馆越来越成为社会文化的中心和人际交流的场所。美国前总统克林顿访问上海的重要一站就定在上海图书馆，这是一个重要的信号，它标志着公共图书馆必将走入国人的视野，成为城市文化的象征。图书馆功能的多元化为图书馆开办讲座提供了可能。

（四）拯救阅读危机的需要

阅读的下降，是个世界性的话题。即以美国而论，2002 年美国人口普查局受艺术基金会委托，在经过调查后，发布了《阅读在危险中》的调查报告。研究者发现，47% 的美国人在闲暇时光读过的文学作品比 1992 年减少了 7%。而且，"不论族裔,不论教育程度和收入,各个年龄组的阅读人数都在下降,阅读在危险中!"包括美国总统在内的社会各界对这一危言耸听的报告非常重视,全社会行动起来,结果短短几年,美国阅读状况大为好转,民调显示,阅读比看电视领先更多,比例是 32% 对 14%,"电视这一多年来美国首屈一指的娱乐,毫无疑问已经让位于阅读"。

而在中国,国民阅读率的下降速度则远超过美国,从 1998 年到 2003 年,短短 5 年间,根据"全国国民阅读与购买倾向抽样调查"显示,就已经下降接近 8 个百分点。虽然现在很多城市也号召文化立市,也在轰轰烈烈地开办各式各样的读书节,但读书仍然没有真正深入到国民的日常生活。作为国家和地区文化事业发展重要依据的人均图书拥有量方面,发达国家的数据是人均两册,国内平均水平是 0.3 册。然而,据广东省文化厅官员透露:广东人均图书拥有量低于全国平均水平,按户籍人口算是人均 0.3 册,如果加上部分流动人口算人均仅为 0.27 册,差距明显。可见,按照公共图书馆拥有的文献资源数量来看,要想达到发达国家的"人均两册",在短时期内固然是不可能实现的,也是不可能满足市民的需要的。而对于听众而言,一场讲座往往比阅读一本书有更大助益。一场好的讲座,正如那句古话"听君一席话,胜读十年书"。因此,在社会阅读风气不浓,图书馆提供的图书文献资料不足的情况下,讲座,是拯救阅读危机和促进全民阅读的一条有效途径。

三、图书馆公益讲座的发展历程

（一）谁是图书馆公益讲座的开创者

国家图书馆的蔡萍在《国家图书馆举办讲座五十年回顾与思考》一文中记叙了国家图书馆讲座活动在半个世纪中走过的三个曲折的发展阶段。通过作者对每个阶段客观、翔实的记述可以知道,国家图书馆（前北京图书馆）的讲座活动开始于 1953 年在社会上举办的文化"讲演会"。从 1953 年至 1955 年该馆共举办了 80 余次讲演会,每一次讲演会参加的人次从 1953 年的 400 余人,发展到 1955 年的最高纪录,达到了 1700 余人,可谓盛况空前。

根据上述的记述并结合对众多讲座材料、论文的汇总、解读、分析、比较可以得出结论:国家图书馆无疑是公共图书馆公益讲座的开创者。

(二)图书馆公益讲座的总体发展情况

1. 当代讲座的起始时间

如果说讲座的最早举办时间理论上讲是 1953 年,但若将中国的政治和文化时期划分为"文革"前、"文革"中和"文革"后三个时期,除去"文革"中这个文化空白期,讲座在"文革"后的起步和发展才最能代表和反映当代公共图书馆公益讲座的历程。

从国家图书馆讲座的发展历程中可以看到,该馆讲座在"文革"后逐步开始恢复生机。从 1979 年至 1986 年,国家图书馆顺应历史发展潮流,重整文化园地河山,聚拢起仅存的园丁授课讲座,但谈不上繁荣。到了 1987 年,北京图书馆迁入新馆。同年 10 月 21 日,新任馆长任继愈先生在嘉言堂首次主持了新馆开馆后的第一次讲座活动"软科学系列讲座",并即时向在座的听众申明"今后将陆续举办各种类型的学术讲座,为提高中华民族的知识文化素质略尽力量"。从此,北京图书馆讲座活动又进入一个新时期。据此,如果以讲座在"文革"后的起步时间来算,公共图书馆最早举办公益讲座的时间为 1987 年,研究当代我国讲座总体发展情况也应该以 1987 年作为起始时间。

2. 当代我国各地讲座的总体发展阶段

从 1987 年至今,可以将我国各地讲座的总体发展划分为三个阶段:

(1)零星摸索阶段(1987 年至 2000 年)

这一阶段,讲座在京津唐这一中国政治文化发达的地区,以国家图书馆的讲座为代表。在长江三角洲这一文化积淀深厚、工业基础雄厚、经济发达的区域,以上海图书馆的讲座为代表。在中国改革开放的前沿、对外交流历史久远、西风东渐的桥头堡的珠江三角洲,以佛山市图书馆的公益讲座为代表。这一时期,讲座是在不同地区的个别图书馆中的个别行为,互相之间缺乏交流,且缺乏一个明晰的方向和整体的策划。

（2）渐次推广阶段（2001 年至 2005 年）

这一时期,在环渤海区域、长三角和珠三角,越来越多的公共图书馆加入到举办公益讲座的行列当中,并逐渐形成一定的规模和特色:2000 年以后,厦门图书馆"周末知识讲座"开始形成固定周期,每周一讲;2002 年,浙江图书馆创办"文澜讲坛",并在次年的 8 月 23 日在杭州市下城区天水街道灯芯巷社区正式启动"文澜讲坛·社区行动联盟"活动;2003 年 1 月,首都图书馆的"首图讲坛·乡土课堂"创办;2004 年,佛山市图书馆公益讲座成为佛山两大持续多年的文化品牌之一,得到市委市政府的充分肯定,并开始跟周边城市和镇区图书馆、社区、学校、企业、部队等单位联动,举办流动讲座。并且经常性地与三水区图书馆、南海区图书馆、顺德区图书馆、中山市图书馆、东莞市图书馆在主讲人资源和信息上互通有无,并且共同策划组织公益讲座。而在内陆省份方面,金陵图书馆、山西省图书馆、安徽省图书馆、武汉图书馆、成都图书馆等也开始了自己的公益讲座服务。

（3）全面铺开阶段（2005 年至今）

2005 年是公共图书馆公益讲座活动发展的转折点,当年有两件在公益讲座发展史上具有里程碑意义的事件值得记取。其一是,2005 年 4 月,上海图书馆举办了全国图书馆讲座工作研讨会,与会代表对讲座作为图书馆的核心业务取得了共识。其二是,2005 年 12 月 27 日至 29 日,"全国农村文化服务工作经验交流会暨文化馆改革与发展座谈会·图书馆讲座工作会议"在广东佛山召开,这次会议正式将公益讲座定为图书馆的核心业务。文化部决定:"图书馆公益讲座将成为下一次公共图书馆评估定级的指标之一。"此次会议以后,讲座如雨后春笋般在全国各地公共图书馆迅速发展起来,开展得如火如荼,成为图书馆的一项核心业务。讲座从此走入了一个新的繁荣时期,并凭借着不断的创新而继续发展壮大。

第四节　图书馆公益讲座的意义

一、开拓图书馆发展新局面

长期以来,公共图书馆始终以文献服务为主要业务,无论从空间布局、资源建设还是服务方式,更多的是以藏为主,以阵地服务为主,以静态为主,尽管这一状况正在扭转,但在全国范围内,图书馆经费短缺、资源不足、人才流失、服务乏力的结构缺陷,仍然没有全面扭转,甚至有众多的中小型图书馆,全年的经费仅仅能够维持开门。生存问题尚未解决,发展的后劲就无从谈起了。这样图书馆就容易形成恶性循环,不能为社会提供足够有效的服务而渐渐淡出社会的视野,政府投入的资源就更加有限。尤其可怕的是,对图书馆这样的文化信息服务单位而言,随着网络媒体的逐渐普及,书店的开架、专门信息咨询公司和信息提供商的蜂拥出现,图书馆出现了强有力的竞争对手,图书馆在文献资源方面占有的优势不再突出,人们的图书馆需求就更趋降低。逆水行舟,不进则退,图书馆别无选择。而讲座作为一种新形式的服务产品,因其传承学术、传播新知的显著功能和便捷、有效的学习方式,近年来越来越受到市民的普遍欢迎,在知识导航与公众教育方面具有较大的优势,发挥着其他图书馆业务所无法替代的职能,使图书馆越来越成为市民注目的焦点,使越来越多的人重新认识图书馆,回归到图书馆。因此可以说,讲座为图书馆的发展建设开拓了新的局面,带来了无限生机。

二、拓展图书馆服务领域

上海图书馆讲座中心的王世伟、赵景国在《论图书馆讲座的功能与发展》一文中的一句话被学界广泛引用:"图书馆正是因为有了讲座,使其功能得到了进一步的发挥和拓展;讲座正是因为依托了图书馆,才有了其资源的整合和多功能的优势以及广大读者的参与。"

随着现代社会的发展、信息时代的来临,人们的信息意识不断增强,社会每一位成员都是信息和知识的需求者。图书馆读者的需求也从单一阅读转向多元化,因此图书馆必须拓宽其服务领域,全方位、多层次地为读者服务,满足多元化的社会需求。由于讲座是主动介入社会文化生活,激活社会文化需求,为图书馆服务思想的实现提供了一个很好的切入口。正如《公共图书馆宣言(1994年)》所阐明的理念与原则那样,"公共图书馆是开展教育、传播文化和提供信息的有力工具,也是在人民的思想中树立和平观念和丰富人民大众精神生活的重要工具","公共图书馆应不分年龄、种族、性别、宗教、国籍、语言或社会地位,向所有的人提供平等的服务"。讲座为不同的群体之间搭建了沟通的桥梁,并以公益、开放、平等和互动的特点使图书馆在保存文献、开展社会教育、传递情报信息等功能外,成为社会人际交往的一个平台,大大丰富了读者服务的内涵。

三、营造学习型社会,推进全民终身教育

"学习型社会"这个概念,最早是由美国学者哈钦斯于1968年提出来的。20世纪70年代联合国教科文组织提出"向学习型社会前进"的目标。近年来,随着世界科技、文化、经济和社会的重大发展,一种终身学习的观念开始产生并引起各国的重视,美国、日本、新加坡等国家陆续提出创建学习型国家、学习型政府等理念。2001年5月,江泽民同志在亚太经合组织人力资源能力高峰会议的开幕式上,提出中国要致力于"构筑终身教育体系,创建学习型社会"。党的十六大将"形成全民学习、终身学习的学习型社会,促进人的全面发展"作为全面建设小康社会的目标致意。创建学习型社会已经成为时代发展的潮流。

公共图书馆作为广大市民读书学习、寻求知识的阵地,其公益性、服务性职能决定了它在创建学习型社会和推进全民终身教育的系统工程中始终是倡导者、组织者和实践者。对于市民而言,公益讲座不失为最好的学习方式和场所。诚如有些研究者所言:"在市场经济活跃的今天,知识论坛已成了一种经济模式,这使大批无法承担昂贵费

用的人被拒之门外,而图书馆的公益讲座为社会敞开了学习的大门。"公共图书馆作为社会教育的主体,主动降低"门槛",提倡向市民免费开放,为广大读者特别是弱势群体服务是讲座的主要职能。并且,讲座不受教科书的限制,时间可长可短,内容视社会需要而定,形式多种多样,便于沟通交流,是一种互动的形式。图书馆通过组织讲座,引导市民在知识的海洋中遨游,这种教育是广义的,是面向全社会的,符合终身教育、教育对象全员性的要求。因此,讲座是图书馆开展教育、传播文化和信息提供的有利工具,对于倡导全民读书学习,促进全民终身教育有着很大的作用和意义。

四、积累人文资源

图书馆有了服务社会的努力和热情,创立了一个思想者可以方便表达的平台,也必然容易得到对国家对民族对社会前途和命运关注的知识分子的回应,如果没有他们的支持,讲座根本无从谈起。"外脑策划的方法极大地推动了讲座的创新和发展,拓展了讲座的服务领域和范围,满足了不同层次广大读者听众的文化知识需求"。"外脑"不止对于讲座和服务的拓展,主讲者群体多是某一领域、某一学科、某一问题的专家,都有较大的社会感召力和学术高度,至少也在某些方面有独到的经历和认识。这些政治精英、经济精英和文化精英将自己的学术思考和社会思考无偿奉献给广大听众,转变成社会公众可以接受、可以辩驳、可以反思的精神财富。随着这一主讲人群体的不断扩大与巩固,通过图书馆与之建立紧密的关系和友情,越来越多的主讲人成为了图书馆的"人才库"和"智囊团",成为了图书馆的老朋友,为图书馆积累了独特而丰厚的智力资源和思想文化资源,从而在促进图书馆文献资源建设、人才培训、信息咨询等基础服务和拓展服务方面发挥着显著功效。而主讲人在业内和公众领域的影响力,又会将一个城市的"文化自觉"的信息传递到更广大的区域,在一个城市的文化形象建立中发挥着无形的影响作用。

同时,图书馆还将讲座内容制作成不同形式的资料,如录音资料、录像资料、音像多媒体资料和文字资料。这些具有唯一性和即时性的资料具有保存、传播和登载价值,成为宝贵的馆藏特色资源。

五、树立图书馆社会公共新形象

公共关系是指社会组织与其他社会组织和社会公众之间的联系状态,以及其他社会组织和社会公众对其认识、信任、支持、合作的程度和趋向。公共关系的终极目标是使一个组织的美誉度越来越高。图书馆作为一种特殊的社会组织,公共关系的好坏直接关系到图书馆事业的成败。讲座一切以读者的利益为出发点,以进取的社会精神、普世的人文关怀与广大民众共同搭建一块舞台,展示图书馆人的社会责任感,提升服务内涵,树立公共图书馆一心为民的良好形象。21 世纪以来,讲座与报纸、电视、网络等媒体紧密结合,使讲座的社会影响深入到社会各个层面,知名度日益扩大,使图书馆越来越成为社会文化的中心和人际交流的平台,越来越成为一个发布信息、传播思想的平台。在这个物欲横流、金钱至上的浮躁社会里,讲座仿佛一块珍宝,为图书馆赢得了全社会的认同、信任和爱戴,营造了良好的、可持续发展的生态环境,并为图书馆人赋予了崭新的社会形象,这是无形亦无价的财富。

六、构建城市文化的深层内涵

城市文化,是人类进化到城市生活阶段的产物,是人类在城市中创造的物质和精神财富的总和,是城市的人格化表现,是人类生活的空间化表述。它是城市人群生存状态、行为方式、精神特征及城市风貌的总体形态,是城市的灵魂,是文明的标志,是属于这个城市人群的完整价值体系。城市文化包含四个层面:物质层面、行为层面、制度层面和精神层面,而讲座正是属于精神层面即城市文化的深层。城市公共文化服务对城市的未来意义重大,全国许多地方已经或正在确立"文化大省"或"文化强市"的新目标和新理念。但在许多城市的文化建设中,在功利与利益的驱动下,更多的城市文化建设可能考虑的都是一些表层的东西,如建设高水准的各种设施、举办各种隆重的庆典活动等。如果说其他文化彰显的是一个城市的特色与声名,讲座所代表的阅读文化则夯实一座城市的文化底蕴,并提升一座城市的人文精神。在讲座这个平台上,为数众多的哲学、社会科学研究者们将自己的研究成果公之于世,并广泛为社会公众所接受。因此,充满活力的文化被引进来,优秀的文化人因眷顾而来赴"讲"。正如《公共图书馆宣言》所期许的那样:人们在此较为自由地演说、聆听和交流,让论坛这种高雅的文化形式下嫁于草棚百姓家,让百姓接受直接的启蒙,聆听心灵的对话,为彼此的精神建立起沟通的桥梁,让相互隔离的人们在这里理解交流,相识相扶,并提供了各种表演艺术文化展示的机会,促进了不同文化之间的对话,保证了公民获取各种社区信息,发展了一般公众的公民意识与思考才能,提高了民众的生活能力与情感发展水平。讲座的工作者、听众和主讲人的互动和参与,使三者间共同形成了一个文化共同体,塑造了一种进取的文化体系和文化精神,在媚俗倾向颇严重的当今社会竖起一杆风向标,从而映衬出人的精神,正是这样的精神实实在在地促进着一座城市的发展与进步。

第二章 图书馆公益讲座的策划

第一节 图书馆公益讲座策划概述

一、策划的内涵

"策划"一词最早是出现在《后汉书·隗嚣传》中"是以功名终申,策画复得"之句。其中"画"与"划"相通互代,"策画"即"策划"。意思就是筹划、谋划、打算,近似于英文中 plan、scheme、plot 等。

在当今社会,"策划"一词,被各种媒体广泛使用,例如在目前中国影视中,片尾都要出现策划一词,这个词已成为人们每天都要接触的流行词,并被中外学者赋予了另一种意思,即:策划是人类为达到一定目标,在调查、分析有关材料的基础上,遵循一定的程序,整合各种资源,利用策略或谋划手段对未来某项工作或事件事先进行系统的、全面的构思、谋划,制定和选择合理可行的执行方案,并根据目标要求和环境变化对方案进行修改、调整,达到实现预期利益目标的一种创造性的行为过程,是一个组织开展活动的决策和行动指南。

策划在中国有着久远的历史。中国五千年的文明史就是一部智谋文化史,其间无不贯穿着众多军师、策士、谋士的智谋活动,许多著名的战例,都是经过了严格的谋划和预先设计,所谓"运筹帷幄,决胜千里",策划的成败,在很大程度上影响和决定着一个人、一个组织,甚至是一个朝代的兴衰成败,生死存亡。从某种意义上讲,懂得策划正是人与动物的本质区别,是人类理性的重要标志。因此,可以说,策划在人类社会发展中发挥着举足轻重的作用。

二、讲座策划的含义

根据策划的含义,可以将公共图书馆公益讲座策划的含义确定为：由讲座策划者根据讲座的目标和要求，进行必要的调查研究，明确读者的需求和本馆的现状，运用丰富的知识经验、广阔的信息、大胆的创造、精彩的构思，按照一定的程序，利用整合各种资源，对未来一定时期的讲座工作进行系统、全面的构思、谋划，设计出合理可行的执行方案，并随时根据实际情况对方案进行修改、调整的创造性行为过程。

三、讲座策划的特性

作为讲座工作的先发设想和前导程序，讲座策划兼有策划的一般共性和讲座工作的独特个性。

（一）目的性

俗话说"无事不谋"，策划本身是一个目标性很强的行为，它往往是针对某一问题或事件来展开。包括分析客观情况，发现实际中存在的问题，并诊断把脉，以确定解决问题的优化方案，整合优势，围绕某一活动的特定目标这个中心，努力把各个要素、各项工作从无序转化为有序，从模糊变成清晰，从而使该活动顺利圆满地完成。在讲座策划过程中，一旦偏离了既定的目标和宗旨，其策划就只流于形式。讲座策划必须始终围绕着目标展开，当目标发生变化时，策划方案也必须相应地调整。因此，达到一定预期目标是策划的目的，是策划的前进方向，也是策划的动力。

（二）前瞻性

超前认识，是人类特有的思维素质。策划是一项立足现实、面向未来的活动，是对将来的活动和事件事先谋划的工作，具有前瞻性。因此，把握社会发展动态、预测未来发展趋势是讲座策划的重要特征之一。但超前性的讲座策划不能脱离现实。在策划时，虽然面对的是未来，但必须立足现实去进行周密的谋划，而不能凭空遐想。

（三）创新性

策划的过程其实就是创造性思维发挥的过程，或者说是创造性思维与策划活动的结合过程。失去了创新的策划活动，只是固有行为模式的照搬,是一种简单的模仿。讲座策划也是创造性的思维活动,保持讲座品牌长盛不衰的秘诀就在于不断创新,与时俱进。

（四）整体性

讲座策划毕竟只是讲座工作的一种手段,而不是讲座工作的目的,更不是讲座工作的全部。整体性是指策划中每一个细节的安排与部署,都应当是为最高目标服务的。因此,在讲座策划工作中,要有目的地从全局和长远着眼,而不能仅仅局限于局部利益和眼前利益。策划不能过细,不能把讲座组织者的手脚捆得太死。一般来说,许多讲座需要工作人员在现场去挖掘与发挥。因此,在进行讲座策划的同时,要大力激励讲座团队的开拓精神,鼓励每个成员通过自己的独到见解和发现,办出高品质的讲座。

（五）可行性

任何策划,如果不立足于现实,不能对现实工作起指导作用,这种策划就是毫无意义的,充其量只能算是一种美妙的幻想,一厢情愿的愿望。讲座策划的现实可行性要求策划者一定要尽可能多地掌握各种信息,从整个环境出发,从全局资源出发,从听众心理出发,进行认真详尽的调查与综合分析,在确定可以实施并能取得一定效益之后再进行策划。

（六）调适性

讲座策划不是一成不变的,也不是机械的,而是有弹性、灵活的,具有调适性。策划者应该在保持一定稳定性的同时,根据社会和周围环境的变化,及时对讲座策划进行时间、地点、主讲人、讲题等方面的临时调整和变动,并修正策划方案。

四、讲座策划的作用

讲座策划是集创造性和科学性于一体的艺术,是组织开展讲座必不可少的起点和基础,是贯穿讲座全过程的灵魂,是讲座最具核心竞争力的重要环节。其具体作用表现为以下几点:

（一）保持领先优势,提高竞争力

进入 21 世纪,随着公共图书馆功能的转变,衡量图书馆办馆效益主要看其服务社会的深度和广度。为此,各地图书馆着重加强了社会文化功能,使图书馆成为城市文化的一个中心和人际交流的纽带。2005 年后,随着"全国农村公共文化服务工作经验交流会议暨文化馆改革与发展座谈会、公共图书馆讲座工作会议"在广东佛山的隆重召开,我国图书馆界紧跟时代步伐,掀起了一股讲座热潮,公益讲座迅速在全国各地图书馆蓬勃发展起来,并且逐渐转变成为图书馆的核心业务,成为最受广大读者喜爱的一种服务形式,并呈现出良好的发展势头。

策划是竞争的产物。在日趋激烈的业内竞争中,面对风起云涌的讲座后起者,一些先行者开始对讲座的未来发展进行思考和探索,于是讲座策划应运而生,成为讲座发展建设的行动指南。成功的讲座策划使讲座的预期效果得到充分的实现,并使讲座保持新鲜和活力,在竞争中表现出自己的独特之处和吸引力,而这个独特优势不会轻易地被对手所模仿,从而使讲座立于不败之地。

(二)保证计划可行性,避免盲目性

策划是一种理性思维,是决策的前提和准备,以确保未来即将进行的活动有条不紊地按预定的目标进行。讲座策划者在进行计划或规划之前,运用科学的策划运作程序对讲座进行整体构思和设计,实行策划、计划、预算一体化,这样就不会出现与社会现状、听众需求、资金条件等现实相脱节、背离的情况,使计划切实可行,使经费预算投向可靠,避免工作的盲目性。

(三)发掘讲座价值,满足听众需求

讲座赖以生存的客观事实或浩瀚无穷,或稍纵即逝。讲座的选题要求既要新鲜,又要广泛,而且不能重复。讲座策划不仅可以宏观地了解世间万物,敏锐地发现眼前发生的事实,追忆过去的历史,而且可以科学地预测未来;不仅能够找到过去、现在和未来之间的发展关系,而且能够开发潜在的文化现象和社会现象,使之成为人们关注的热点,最大效用地开发和利用各种资源,满足听众需求。

（四）深化讲座主题,体现城市文化个性

大千世界,纷繁复杂。讲座的功能之一就是探讨具有重大社会意义的事件、现象、问题,体现城市文化个性。如果没有重点和个性,就无法凸显讲座和城市文化的价值与内涵。而讲座策划就可以通过突出重点和设计某些讲题来透视和展现大主题、深层次和文化个性。经过讲座策划,讲座工作者和主讲人可以更好地认识讲座内容的本质,把握精神宗旨,从而深化讲座主题。

（五）预测发展趋势,强化讲座创新

策划是为了实现未来某一方面特定目标而运作的。因此,讲座策划者需针对环境的未来变化发展,进行超前研究,预测社会事物的发展趋势,思考讲座的未来发展方向,以提高讲座适应未来和创造未来的主动性。

讲座策划是由策划者从寻求讲座中存在的问题或缺陷入手,通过不断改变工作方法和途径,调整利用和开发资源,大胆创新,开拓进取,这实质上是一个创新的过程,一个好的策划方案本身就是一个创新方案。策划水平的高低,对听众的影响也不相同。随着图书馆讲座事业的日趋兴旺,图书馆间的竞争不断加剧,加之听众欣赏水平的提高,使讲座的创新变得迫在眉睫。讲座策划正是讲座工作者为了适应这种日益凸显的创新要求才出现的。因此,讲座策划的开展,必然有利于强化讲座创新,提高社会效益。

（六）锻炼讲座团队,促进业务发展

没有优秀的讲座策划者,就不可能有成功的策划方案。作为为讲座出谋划策、运筹帷幄的策划者,其思想的前瞻性、思维的深度、兴趣的广度、敏锐的意识,以及积极的工作理念和工作态度是讲座策划成功和讲座不断生长的直接动因。这就要求讲座策划者必须有意识地构造自己的知识结构,提高文化素养,养成良好的思维习惯,掌握娴熟的韬略技巧,培养严谨的工作作风,创造性地进行思维,广泛地参与丰富多彩的社会实践,增强精品意识,这样也有利于讲座事业的整体进步。

第二节　公益讲座策划的原则

事物的运行都按一定的客观规律变化发展。讲座策划是一种创造性的思维活动,也必然有一系列的客观运行规则,即原则。讲座策划的原则是讲座策划工作的行为准则和基本要求,它要求所有策划环节必须符合讲座的自身特性,并遵循社会多方面的要求和约束,致力达到讲座所追求的目标,才能保证策划的正确可行性,为讲座的成功举办奠定基础。具体有以下几点:

一、公益性原则

（一）公益讲座,公益为先

根据国际标准化组织颁布的《国际图书馆统计标准》,公共图书馆是指那些免费或只收取维持可持续发展的基本费用的,为一个团体或区域公众服务的图书馆。这种为公众服务的特征表明了公益性是公共图书馆的根本属性。由此说明,讲座也应该与图书馆其他业务一样,是一项以非商业化运作为主的社会实践活动。其公益包括三个方面。其一,图书馆公益讲座对于所有听众,是免费的。其二,对于主讲人,也应该是象征性支付一些费用。其三,所有的讲座,都不直接或间接地带有商业色彩。

讲座策划必须把公共利益和社会效益作为出发点,坚持公益性原则,秉承"大道为公"的服务理念,使更多的弱势群体以极低的门槛进入图书馆,让广大读者自由参与,通过讲座获取知识和信息,保证社会成员享有平等的文化权益,消弭信息不对称造成的不平等。同时,讲座要努力适应更多听众的需求,并随着社会的发展而不断创新,应适时地为广大读者服务,成为图书馆延伸、拓展和开发服务功能的有效途径。反之,图书馆讲座若以营利为目标,往往会虚造声势,趁机进行商业宣传,这样实际上就是变相的销售会;若一味追求轰动效应,专门邀请所谓的名人和媒体记者在高级场所举办,不惜工本进行"炒作",而忽视讲座的真正文化内涵和人文精神,长此以往也难坚持。因此,讲座策划者在策划之时必须深入和主讲人进行沟通,避免讲座过程中的任何商业行为,使讲座严格与功利脱钩,保障讲座的严肃和纯洁,维护讲座在读者心目中的声誉。

虽然20世纪80年代中期以后,中国曾经兴起一股公共图书馆建设热潮,但即使在经济较为发达的珠三角地区,政府用于图书馆的经费整体水平也很不够,与当地经济发展水平和社会文化需求不相匹配。因此,图书馆给予主讲人的"酬金"只能是象征性的。而知识和智慧本身是不能定价的,高价位(有的主讲人已经有了市场身价,动辄出场四、五位数)运行对于很多实力稍逊的图书馆必然难以为继。更为严重的是,这样做,会损害图书馆公益讲座所要传达的公共精神,因此,图书馆应该营造一个平台来表达公意,这是图书馆、听众和主讲人的公共责任。

(二)成功案例

早在1995年,佛山市图书馆就体现出了佛山人敢为人先的特有品质,开始了公益讲座的尝试,15年来共举办了900多场讲座,听众达50多万人次,但从未向听众收取过一分钱门票费,成为除国家图书馆外最早举办公益讲座的公共图书馆之一,成为长期不间断地举办纯公益性讲座的地市级图书馆的首例,在业内和广大听众中间建立了良好口碑和广泛的影响。

二、先进性原则

(一)公共图书馆的社会教育职能

著名教育家蔡元培先生说:"教育不专在学校,学校之外,还有许多机关,第一是图书馆。"由联合国教科文组织1994年颁布的《联合国教科文组织公共图书馆宣言》中也强调:"公共图书馆作为当地获取知识的门径,应为个人及社会团体的终生学习、独立决策和文化的发展提供基本的条件。"并且还正式宣布:"联合国教科文组织深信公共图书馆对于教育、文化和信息是一种有生力量,并且是一个通过人类的智慧培育和平与精神文明的重要部门。"由此可以说明,现代图书馆从诞生之日起就肩负着重要的社会教育职能,标志着人类的文明和进步,起到其他机构不可替代的作用。

(二)发挥讲座传播"先进文化"的主阵地作用

在新的条件下,随着社会经济成分、利益关系、就业方式和分配方式日益多样化,出现了各种思想文化相互激荡的复杂局面。我们党能否牢牢掌握住"先进文化"这一有力武器,以科学理论引导和规范社会思想文化的发展,营造积极向上的社会思想条件和氛围,熔铸共同的理想信念,巩固团结奋进的思想基础,直接关系到我们党是否能够始终保持先进性,是否能够始终拥有最广大人民的拥护和支持,是否能够始终肩负起在社会主义建设中发挥领导核心作用的历史责任。

公共图书馆通过传递文献提供科学文化信息,而通过举办讲座,扩大和提高公众的受教育范围和程度,以知识和信息的权威形象立足于社会,其引导性决定了讲座必须对社会大众产生积极的引导作用,是引领思想文化前进方向的重要舞台。因此,讲座不仅要充分发挥其特有的教育功能,多渠道挖掘教育潜力,充分发挥讲座知识更新快、社会普及面广、影响大的优势,努力扮演好"知识的传播者、释疑者和市民的终身学校"这个角色,还必须牢牢把握传播先进文化的原则,从文化战略的高度,从"代表中国先进文化的前进方向"的角度,坚持以弘扬社会主义主旋律,继承优秀精神文化作为指导方针,通过策划举办人文等主题讲座,发掘和利用多种资源,使广大听众感悟到人类知识的浩瀚和社会文明的辉煌,从而朝着健康向上的文化方向发展。这样,才能发挥讲座社会主义精神文明建设主要阵地的作用,才能不断满足人民日益增长、不断变化的文化需求,才能保持旺盛的生命力,为公共图书馆传播先进文化,构建学习型社会创造新的发展空间,为促进社会健康和谐地发展做出贡献。

(三)成功案例

广东省立中山图书馆的"广东学术论坛",善于把握时代脉搏,聚焦热点问题,曾先后推出"中国趋势系列"、"航天系列"等专题讲座,积极发挥图书馆在先进文化建设中知识信息传播的重要作用,受到了广大听众的欢迎和好评;长春图书馆讲座的主办者多年来坚持以科学定位,以需求定选题作为培育讲座持久生命力的先决条件;上海图书馆的"上图讲座"历经 26 年长盛不衰,也与其坚持传播先进文化是分不开的。

三、"以听众为本"原则

（一）"以听众为本"的含义

以听众为本就是"以人为本"。"以人为本"实质上是一种人文关怀,在当今社会主义国家就是以最广大民众的利益为根本,以人的全面发展为根本。温家宝总理曾指出:"以人为本就是在经济发展的基础上,不断提高人民群众物质文化生活水平和健康水平,就是要尊重和保障人权,包括公民的政治、经济、文化权利,就是要不断提高人们的思想道德素质、科学文化素质和健康素质,就是要创造人们平等发展、充分发挥聪明才智的社会环境。"

（二）树立"以听众为本"的服务理念

《联合国教科文组织公共图书馆宣言(1994)》指出:"公共图书馆是地区的信息中心,它向用户即时提供各种知识的信息。每一个人都有平等享受公共图书馆服务的权利,而不受年龄、种族、性别、宗教信仰、语言或社会地位的限制。"随着社会的发展和经济体制改革的不断深入,随着城市化步伐的不断加快和老龄社会的到来,讲座将越来越成为广大人民群众,特别是下岗职工、外来务工者、老年人以及青少年享受公共文化服务权利的重要场所。如何更加尊重和保障他们的文化权利,提高他们的思想道德素质、科学文化素质,为他们创造一个平等沟通、充分发挥聪明才智的社会环境是讲座必须关注的问题。因此,坚持"以听众为本"的原则,就是要求讲座策划者要树立以听众为本的服务理念,加强与听众的联系沟通,认真听取反馈意见和建议,及时改进服务策略和手段,努力把每场讲座策划周密,尽量满足不同听众的不同需求,让每一位参加讲座的听众都能高兴而来,满意而归。

（三）成功案例

佛山市图书馆南风讲坛从创办之初就把"以听众为本"放在做讲座的首要位置。听众感觉讲座的与众不同就在于"平等与自由"。面对形形色色的听众，"不要门票，只要有证件，只要你们想听，我们都欢迎"是讲座对听众的一贯作风。讲坛并不追求统一的传播效果，如果听众不认同或不喜欢某个观点，可以随时离开，也可以在演讲结束后和专家探讨（演讲结束后，有半个小时专门用于讲学者与听众交流）。这种独特的人文气息让很多人在此感到身心的自由和精神世界的满足，使"尊重听众所需，倾听听众心声"成为"以人为本"的最充分体现。

四、品质至上原则

（一）创造有品质的讲座

目前，我国公共图书馆每年都会投入一定经费举办一定量的讲座，而各地讲座甚至是同一图书馆的不同讲座其效果是良莠不齐的。有的乏人问津，有的则座无虚席，其主要差异就在于品质的高低。营销学里有句老话"创造出有品质的产品，才能吸引有品质的顾客"。讲座作为一种文化产品，同样只有创造出有品质的讲座，才能吸引有品质的听众。可以说，讲座的品质决定着图书馆讲座的地位，是讲座在社会上、在市民心目中的总体形象，体现出听众对讲座的忠诚度。而讲座的高品质在主观上表现为合适的选题、高水平的主讲人和较强的听众组织能力，在客观上则表现为富于感染力的讲座内容、新颖而又形象生动的讲座形式。

（二）努力打造讲座品牌

创造有品质的讲座目的之一是打造讲座品牌，但讲座品牌的建立不是一蹴而就的，需要一个长期的过程，通过每一场讲座逐步建立。因此，讲座策划者必须始终保持着强烈的精品意识，在策略上既要有大局观念，又要注意细节，集中精力，运用优势资源，抓好策划筹备的每一环节，善于通过外在的直观视觉审美因素巧妙地传达出讲座文化理念,以演绎品牌的内涵,力争策划好每一场讲座,才能催生出影响广泛而又有生命力的作品。此外,还要构建起讲座赖以生存的信用体系。无论是对听众,还是面对媒体宣传,无论是对主讲人,还是面对合作组织,讲座策划者都要以认真负责的态度,实事求是,即不能搞虚假、言过其实的宣传炒作,以劣充优欺骗听众。当这些高品质的讲座达到一定的质和量的时候,讲座品牌就凸显建立了。

五、创新原则

(一)创新的意义

众所周知,创新已渗入到我们日常生活的每一个角落,正如美国斯坦福大学的保罗·罗默所言:"现在,创新是发展、繁荣和生活质量提升的主要动力。"在商品经济中,回顾品牌的发展史,许多老品牌销声匿迹而被新品牌取代,其中一个主要原因就是产品不能创新。可以说,创新是策划的关键,更是策划的精髓,保持品牌长盛不衰的秘诀就在于不断创新,在于不断推出新的东西。

(二)讲座策划的创新

对于图书馆公益讲座而言,与时俱进,创新发展是讲座具有强大生命力的源泉。讲座策划者只有大胆想象,严格求证,用心研究讲座的特点和规律,用创新的思路、创新的手段策划好每一场讲座,做到"人无我有,人有我精,人精我绝",才能让每场讲座都有新的内容、新的方式、新的形象,使听众自始至终保持新鲜感,调动起听众的热情,让他们真正对讲座内容感兴趣,从而发展更多的潜在听众,保持讲座品牌的青春活力。

(三)成功案例

北京地区讲座品牌众多,有国家图书馆的"文津讲坛"、现代文学馆的文学系列讲座、中央电视台的"百家讲坛"以及各大学的学术讲座等,而且各个讲座各具特色,各领风骚。而首都图书馆"首图讲坛"的策略则是以北京历史文化为题材,开设"乡土课堂",这使该讲坛以独特的文化视角吸引了众多北京市民的目光,成为享誉京城的讲座品牌,其成功的关键就是选题的创新和富有特色; 2004 年、2005 年和 2008 年,佛山市图书馆"南风讲坛"、长春图书馆"城市热读"和吉林省图书馆"传统文化公共播讲团"等开始分别走出图书馆,走向社会,走进社区、学校、军营、乡村和附近城市,把文化的春风送到了老百姓的身边。这种创新的讲座形式拓展了讲座的辐射空间,延伸了服务半径,使讲座的资源得到了循环利用,并使讲座走向了新的发展阶段。

六、可行性原则

(一)进行可行性分析

只有可操作性的讲座策划才是可行的,才是有意义的,否则,只不过是纸上谈兵,没有任何的意义。可行性分析包括对以往经验和客观的听众调查、研究、环境预测,以及举办能力整体的评估,以便论证讲座在举办的过程中,要面对的困难和问题,能产生的利益、效果、风险程度、利害得失等,以便决定讲座是否继续运行下去。策划的现实可行性要求策划者在现实所提供的条件基础上进行谋划。如果条件不具备,就应该善于等待。一方面等待条件的出现和成熟,一方面积极创造有利条件,才是正确明智的做法。

(二)注重运行性,争取有效性

讲座策划最为关键的内容还在于策划的运行与实施。一个讲座策划方案被提出,只有付诸于运行才可能具有现实意义。但许多时候总会出现"计划跟不上变化"等情况,因此在讲座策划过程中,必须注重运行性的重要。应当充分考虑到人力、物力、财力的支撑,同时又要考虑天时、地利、人和的时势,不可忽视每一个细节。要根据现实具备的条件作出准确判断,及时发现问题、解决问题,以保障策划的顺利运行和实施。

讲座策划的终极目标是追求成功。因此,讲座策划的可行性要求讲座在策划实施过程中要争取主动,积极面对可能发生的一些困难和阻碍,提出可行性的解决方案和最佳方案,采取有效的方法和途径改变不利环境和因素,用最小的消耗和代价争取最大的效益,从而圆满地实现策划的预定目标。

第三节 图书馆公益讲座的整体策划

一、调查分析

"工欲善其事,必先利其器"。调查是有效地获取信息、认识社会、提高劳动效率的有力工具。讲座策划是系统工程,因此调查分析应该是讲座策划中的第一环节。真正完善的策划需要从整个环境出发,从全局资源出发,从听众心理出发,进行认真详尽的调查与综合分析,才能使讲座的整体策划高屋建瓴,纲举目张,有的放矢。

（一）了解环境

每一个人或组织都处在一定的环境之中,离开了这个环境,便无法生存与发展。讲座工作也同样是依存在现今社会这个大环境之中,是社会活动的一个组成部分,并且依托环境的影响和促进而不断向前发展。因此,进行讲座调查分析就必须从了解社会环境入手,洞悉周围环境的变化发展,才能使讲座与时俱进,充满活力。

1. 了解环境的方法

（1）要从了解社会大势入手,应当多看、多听、多问、多查,分析社会环境条件的特点、环境的发展变化情况、与讲座的关系、在这个环境中的地位、环境对讲座工作提出的要求以及环境的有利条件与不利条件等,确保讲座策划的可行性。

（2）要把握时事政治、法律制度、经济状态的总体趋势,然后努力聚焦社会发展中的城市文化、科技创新、人文环境、素质教育等热点,以保证讲座选题具有高度的时代特征。

（3）要调查了解新闻媒体对讲座的态度和传播力度,以便为讲座宣传推广做好尺度的把握。

2. 策划者的态度

通常,讲座策划要有一定时间性,少则一个月,多则半年,甚至一年。讲座策划者要准确了解环境并非易事。因此,策划者的自身态度尤其重要。

(1)要抱着客观的态度,去读书、上网、看报、看电视、听广播,关注时事论坛,关注社会动态,积累足够的信息和知识,从而扩宽视野,能清楚地了解时事动态,具有较强的社会热点触觉能力。

(2)要抱着谦虚的态度,去学习中国历史、世界历史和国际关系等。可以说,讲座策划者人文素养的高下往往决定着一座图书馆讲座品位的高下。讲座策划者只有不断地学习和充实自己,以丰厚的文化与科学知识为基石,才能使讲座工作拥有厚重的思想根基,并在较高的层次上得以可持续地发展。

(3)要抱着冷静的态度,观察身边的人和事。对于生活的体察是每一位人文工作者的立足之本。讲座策划者只有善于从生活出发,从人本出发,才能挖掘出充足的养分,并通过汲取后作出适当的判断与创作,从而衍生出优秀的讲座作品。

(二)听众调查

作为公共图书馆,其服务对象主要是普通大众,听众是讲座工作的重要构成要素,也是讲座工作的生命所在,讲座的成功与否,很大程度上取决于听众对讲座信息的知晓率和对讲座效果的认同度。因此,办好讲座,就要接近听众、了解听众、动员听众,就要倾听听众的声音,以目标群体的特征为基础和前提,以大多数群体的需求为根据,围绕他们所关心的热点问题和重点问题进行讲座策划,有针对性地调整和发展未来讲座工作的思路。

1.听众调查的目的

(1)明确听众的主要构成,分辨听众群,明确哪些人是顺意听众,哪些人是逆意听众,哪些人是边缘听众。

(2)明确听众对讲座工作的看法、印象以及形成某种看法或印象的原因、对讲座未来发展的意见和建议。

(3)听众对讲座信息的获取途径和知晓率等。

2.听众调查的方法

(1)观察询问

观察是在听众参加讲座的自然状况下,通过观察听众的表情、动作、语言和行为等外在表现,来了解听众的心理状态及心理特点。运用观察法可以:第一,通过听众对讲座内容的选择,观察其对讲座喜欢与否和喜欢程度如何,以及其听讲座时间的长短;第二,观察听众在讲座中的行为表现;第三,观察听众的表情、动作、语言(提问)、神态等。通过认真仔细的观察,可以了解听众参加讲座的心理状态。

询问是利用和听众接触的机会与他们交谈,适当地提出问题,征询对方的看法、感受和体验。通过交谈,可以了解听众的文化背景、性格和气质等。

观察询问是听众调查最基础、最方便的方法。但这种方法要求讲座工作人员必须具有较强的责任心,足够的耐心、细心和亲和力,主动与广大听众做知心朋友,积极沟通,通过对大量第一手材料的收集汇总,真正从根本上了解听众情况,掌握听众所需,从而逐步建立稳定的联络关系,形成固定听众群。

(2)问卷调查

调查问卷,又称调查表,是调查者根据一定的调查目的精心设计的调查表格,是现代社会用于收集资料的一种最为普遍的工具。问卷调查是听众调查中一种十分重要也是最有效的方法。深圳南山图书馆在问卷调查方面经过多年的实践积累了一定的经验。该馆自开办讲座以来,坚持每年对听众群体进行状况调查,从 2000 年以来,以问卷形式对听众进行调查 12 次,形成了连续的描述听众情况变化曲线的第一手资料,从而掌握了公益讲座听众群体的总体构成状况,了解了听众需求。

问卷调查是一项面对广大受调群体的活动,由于受到受调人群配合积极性的影响,在操作上往往会比较困难。因此,问卷设计是其中的关键,问卷设计的好坏,将直接决定着能否获得准确可靠的听众信息。

调查问卷可分为自填式问卷和访问式问卷两大类。所谓自填式问卷,是指由图书馆发给(或邮寄给)听众,由听众自己填写的问卷。

而访问式问卷则是由图书馆按照事先设计好的问卷或问卷提纲向听众提问,然后根据听众的回答进行填写的问卷。一般而言,访问式问卷要求简便,最好采用两项选择题进行设计,其调查对象为讲座忠实听众。图书馆可从已掌握的听众个人资料中进行选择访问;而自填式问卷由于可以借助于视觉功能,在问题的制作上相对更加详尽、全面。可采用多项选择题或顺位式问答题(又称序列式问答题,是在多项选择的基础上,要求被调查听众对询问的问题答案,按自己认为的重要程度或喜欢程度顺位排列。)进行设计。其调查对象的覆盖面较广,可以是讲座听众,也可以延伸至普通市民。

一份完善的问卷调查表应能从形式和内容两个方面同时取胜。

从形式上看,要求版面整齐、美观、便于阅读和作答。

从内容上看,一份好的问卷调查表至少应该满足以下几方面的要求:第一,问题具体、表述清楚、重点突出、整体结构好;第二,确保问卷能完成调查任务与目的;第三,便于统计整理。

听众调查问卷的基本结构一般包括三个部分,即说明信、调查内容和结束语。

说明信:是图书馆向听众写的简短信,主要说明调查的目的、意义、选择方法以及填答说明等,一般放在问卷的开头,需要有一个尊敬的称呼和主办单位的感谢语,如果问卷中有涉及个人资料,应该要有隐私保护说明。

调查内容:主要包括各类问题,问题的回答方式及其指导语,这是调查问卷的主体,也是问卷设计的主要内容。由于时间和配合度的关系,人们往往不愿意接受一份繁杂冗长的问卷。为了使读者能够更容易回答问题,问卷要有明确的主题、重点突出、结构合理、逻辑性强、通俗易懂、语气亲切。可以对相关类别的题目进行列框,让人一目了然。一般而言,开头部分应安排比较容易的问题,这样可以给被调查的听众一种轻松、愉快的感觉,以便于他们继续答下去。中间部分最好安排一些核心问题,即图书馆需要掌握的资料。另外,主观性的题目应该尽量避免,或者换成客观题目的形式,如果确实有必要的话,应该放在最后面,让有时间和能配合的听众进行一定的文字说明。

结束语:一般放在问卷的最后面,用来简短地对听众的合作表示感谢,也可征询一下听众对问卷设计和问卷调查本身的看法和感受。

(附:长春图书馆讲座听众问卷调查表)

讲座听众问卷调查表

亲爱的听众朋友:

您好!感谢您对"城市热读"系列讲座的关心和厚爱!为了更好地为您提供服务,把讲座办得更好,请您认真填写下表并反馈给我们。告诉我们您对讲座有些什么感想和建议?还希望我们为您提供哪些信息?

"城市热读"系列讲座联系方式:

地址:长春图书馆(长春市同志街 1956 号)

邮政编码:130021

电话:85648171 转 3070

E-mail:cclib001@126.com

1.您的个人资料:

姓名:_____ 年龄:_____

单位:_____ 电话:_____

2.您是从何种渠道了解到"城市热读"系列讲座的?

□来图书馆获悉 □朋友介绍 □媒体报道 □其他

3.您是否愿意成为我们讲座的会员?

□愿意 □不愿意

4.作为一项业余爱好,您是否愿意:

□为讲座做些服务工作 □参与讲座策划

□试做讲座主持人

□其他内容(请您说明)
_____

_____

5.您来听讲座的情况:
□每次都来　　□一个月一次　　□两三个月一次
□不定期　　□很久(半年以上)

6.如果让您选择,您最想听哪一类讲座?
□政治　　□经济　　□时事　　□自然科学　　□社会问题
□文艺　　□教育　　□婚姻家庭
□卫生健康　　□其他(请列出项目: _____)

7.您对我们的讲座的服务态度如何评价?
□很好　　□一般　　□不满意

8.您认为还有哪些服务需要改进?
_____

_____

9.您对讲座的整体评价如何?
□很好　　□一般　　□有待改进　　□很差
如果您认为我们需要改进或是很差,请您举例说明: _____

10.您认为值得推荐的主讲人:
姓名: _____单位: _____
研究方向或专长: _____
如果您还觉得此表有不全之处,请您举例说明:

_____

_____

_____

_____

长春图书馆讲座中心

问卷的发放方式可分为现场派发、邮寄、人员访问和图书馆网站发布等。

现场派发式：就是由图书馆将调查问卷送发给选定的读者或听众，待听众填答完毕之后再统一收回。这种方式可用于讲座现场，可在讲座开场前将问卷派发给听众，讲座开场时由主持人向听众进行说明，要求听众于讲座结束前交还。

邮寄式：是通过邮局将事先设计好的问卷邮寄给选定的听众，并要求听众按规定的要求填写后回寄给图书馆。邮寄式问卷的匿名性较好，缺点是问卷回收率低。

人员访问式：是由图书馆按照事先设计好的调查提纲或调查问卷对听众提问，然后再由图书馆根据听众的口头回答填写问卷。人员访问式问卷的回收率高，也便于设计一些便于深入讨论的问题。

网上访问式：是在因特网上制作，并通过因特网来进行调查的问卷类型。此种问卷不受时间、空间限制，便于获得大量信息，特别是对于敏感性问题，相对更容易获得满意的答案。

（3）召开座谈会

经常性地邀请讲座主讲人和忠实听众召开座谈会，请听众自由发表意见、看法和建议，从中了解他们的需求。这种近距离的沟通互动可以使听众感到受重视和被尊重，听众和图书馆两者往往都是有备而来，对于问题的切入可以直截了当，对于问题和意见的解释也可以真实详尽，使听众调查工作更加客观全面，是讲座调查的一种有效方式。

例如上海图书馆利用"外脑"进行讲座策划取得一定的成功经验。每年的岁末年初，在确定第二年讲座总体策划的同时，上海图书馆讲座中心都会邀请部分主讲人和听众来召开咨询会，提供一个"头脑风暴"的平台，为讲座的发展出谋划策，极大地推动了讲座的创新发展，拓展了讲座的服务领域和范围，满足了不同层次广大读者听众的文化知识需求；黑龙江省图书馆的"龙江讲坛"从2008年开始引进外部智力支持，组织邀请专家学者对讲座选题进行调研和策划，依托高校、社科院等单位成立"龙江讲坛"专题策划小组，邀请专家领衔有关的专题策划工作；长春图书馆为近距离倾听读者的声音，深入了解读者的意见和需求，专门设立读者会员制，经常邀请会员听众召开座谈会，听取群众对讲坛的意见和建议，为讲座的选题策划、宣传推广和讲座形式的多元化提供一些思路。

主讲人和听众座谈会的组织需要注意以下几点：

第一，选择合适的参会人员。所谓座谈，其形式主要是通过语言的表述来传达听众的内在意见和需求。因此，参会人员的语言表达能力及思辨能力决定了听众意见和建议的数量、质量以及可行性，是座谈会能否取得成功的主要因素。对于已形成讲座固定听众群的图书馆，可从讲座的忠实听众中挑选部分人员参会；对于未形成讲座固定听众群的图书馆可在忠实读者中进行挑选。

第二，会议现场的组织。会议组织者必须事前制定好周密的计划和部署，力求各项事项都环环相扣，不出纰漏。会议期间，要做好会议记录。若出现冷场，主持人应适时发言，谈论自己的建议和观点，或建议中场休息，请大家积极思考，休息后再视情况决定是否继续之前的话题。会议结束后，要做好收尾工作，及时整理会议内容，总结经验教训，以备日后工作完善用。

（4）开设 BBS 网络论坛

进入 21 世纪，网络正在以飞快的速度走进人们的生活。就政府而言，越来越多的政府部门和公共事业单位利用网络处理政务和事务，打造亲民、阳光、便捷的执政和服务理念。讲座可以利用图书馆网站、政府网站或民间网站醒目位置及时公布讲座信息，并开设论坛，让公众积极建言献策，使论坛成为沟通政府、公共事业单位与公众的桥梁和纽带，成为市民喜爱的网上家园。讲座工作人员也可以通过这个平台与市民直接对话，从中了解广大听众的不同类别和各种需求，获取信息，解答疑问。例如佛山市图书馆的"南风讲坛"在很多时候都是通过当地一个名为"C2000"的民间网站来获取民意，成为讲座策划的一种可靠依据。

（5）建立讲座"博客"

博客(指网络空间)作为一种新的通讯工具,它更多的是在发挥一种"言论宣泄渠道"的作用,由于博客本身的虚拟性与公开性,就为大多数人尤其是普通人提供了在现实生活中难以寻找到的个人空间,让平民的话语权更有可能得到保证,成为舆论监督的重要平台。讲座博客的建立在很大程度上解决了讲座信息及更多相关资料、观点的发布。一方面讲座组织者可通过博客发布讲座信息、主讲人资料介绍和主持人札记等;另一方面,听众可通过这个平台发表较为深刻的讲座评论和内在需求。例如佛山市图书馆南风讲坛的主持人在每期讲座前都会于"博客"中转载主讲人的相关学说,或者讲座内容的相关提要,并完成代表主持人思想的"主持人札记",供市民在讲座前阅读。市民可以以留言的方式随时发表对讲座以及主持人观点的看法。多元的服务使讲坛的氛围更加活跃,为讲座的下一步策划提供了有效的参照。

(6)开通读者"QQ群"

近年来,"QQ"中的群组功能为图书馆工作带来了极大的方便。讲座听众QQ群的开通可以及时发布图书馆各类信息,让读者更好地了解和享受图书馆的各项服务,特别是讲座信息;通过引导更多的读者分享讲座心得,体验听讲座的乐趣,结交更多志同道合的好朋友,让听众与听众、听众与讲座工作人员之间的交流更加便捷,有更多的自主性,更多地表达心声,更好地加强图书馆和听众之间的互相沟通,更加有效地征集有建设性的意见和建议。

以上6种调查方法是在调查中经常用到的几种形式,但都有一定的限制和缺憾。只有将多种方面同时或交替灵活使用,才可以弥补不足。

(三)综合分析

综合分析就是对全面实际调查材料进行收集、归纳、整理和做出分析报告。在此过程中,要通过对周围社会大环境、大气候、听众构成和状况、听众对讲座的感想、意见和建议等方面的了解,通过对听众的需求和心理状态的深刻认识,进行归纳分析,从而得出比较准确、深刻和全面的数据和结论,做出相应的切实可行的策划方案,最后做出服务承诺。

二、定位

20世纪60年代末,美国阿尔·里斯和杰克·特劳特先生首次提出"定位"这个概念,它不但受到众多经济学家的高度重视、采用和引用,还被美国营销学会评定为"有史以来对美国营销影响最大的观念",更重要的,它已成为指导全世界商业实践和创造财富的金科玉律。

"定位"这个概念也同样可应用在人文建设领域。一个讲座品牌建设的目的就在于为图书馆服务创建一种独一无二的个性,并对听众作出一种承诺,这种承诺即是听众对讲座认知的确认。而讲座定位的目的正是让读者树立对讲座的看法,增强对讲座的印象,并影响讲座团队在举办过程中对品质标准的制定与贯彻,以及与听众建立长久稳定的联系。这个过程是品牌建设的基础,但充满智慧,极具挑战。

讲座定位的内容包括如下几个方面:

(一)文化底蕴

1. 城市文化个性与"文化自觉"

一方水土养一方人,不同的城市会形成不同的城市文化,每一座城市,都有自己的文化特色和风格,都有属于自己的特有的文化形态和文化个性。而文化又是一座城市的灵魂,是一个城市的内在气质,一座城市的风格,一座城市的风韵往往是因为文化的熏染而形成。而这种文化则是由该城市千百年的历史人文积淀所形成的,是一个城市特殊的历史,特殊的精神,城市居民所特有的价值观念、思维方式、行为方式、生活方式。这些都需要人们自觉地去发掘、提炼,并通过各种不同的文化载体形式来体现。但遗憾的是,许多城市的建设者们往往不懂得城市"精神"与城市"形态"之间的辩证关系,往往将文化的形而下(包括城市的文化设施、文化活动、文化管理等)与文化的形而上

（即城市的文化精神）混为一谈，忽略、忽视，甚至无视城市文化精神。为此，费孝通先生曾提出过"文化自觉"的概念。著名学者汤一介先生作过如下解释："'文化自觉'是指生活在一定文化传统的人群对其自身文化的来历、形成过程的历史及其特点和发展趋势等能作出认真的思考或反省，更注重文化内涵、文化的品质，而文化内涵就包括对历史文化底蕴的发掘、市民人文素养的提高、文化与科技的合璧等等。"由此说明，一个城市只有具备高度的"文化自觉"，才会有鲜明的文化个性；一个具有鲜明文化个性的城市才会有着巨大的吸引力、感召力和凝聚力。

2. "文化自觉"与讲座

作为城市文化重要公共设施之一的图书馆，是城市文化建设不可缺少的部门，是城市文化的标志和象征。众所周知，城市文化载体在形态上各异，作用也有所不同，但其中有一个比较独特、可说是一切载体的载体，那就是图书馆。一直以来，图书馆以引领读者学习潮流、引导读者阅读倾向、开启读者思维意识、规范读者价值观念为己任，满足着人们永恒的需要，并以文化影响社会，使市民置身于城市文化氛围中，充分享受城市文化成果，得到文化的滋养和熏陶。而图书馆公益讲座作为一种新形式的服务产品，因其传承学术、传播新知的显著功能和便捷、有效的学习方式，近年来越来越受到市民的普遍欢迎，在知识导航、文化陶冶与公众教育方面具有较大的优势，发挥着其他图书馆业务所无法替代的职能，体现着现代图书馆在"文化自觉"中所起的重要作用。

因此，作为城市"文化自觉"的有力载体，其首先应该体现出城市的文化性格和城市精神的追求，其底蕴和基础应该是城市文化个性。并且，讲座只有从所属城市的文化积淀中汲取营养，充分体现城市的地方风情民俗和人的精神风貌，才会更具有历史的厚重感，才会显现出城市文化独特的精髓而更有魅力。

（二）形象设计

从20世纪70年代起，世界开始进入"印象时代"。为适应竞争的要求,欧美国家的企业开发出了一种更能引起外界注意,从而改进业绩的经营技法,英文为"CI 战略",中文还可译作"企业形象设计"或"企业识别设计",是指采用统一的形象或划一的格调,把企业名称、标志、主题词、标准字、标准色、图案通过自身或外界的媒介扩散出去,给社会公众和消费者以统一、深刻、系统的印象,促使公众和消费者对企业产生信赖感和厚爱的心理效应。"CI"战略是一种文化战略,是铸造企业的形象力、文化力的有力武器。作为图书馆公共文化服务的一种产品和公共关系体系的重要项目,讲座的经营与发展同样也离不开形象设计。

1.命名

(1)讲座命名的必要性

子曰:"名不正则言不顺;言不顺则事不成。"又曰:"必也正名乎。"在儒家正统思想中,"正名"是"修身、齐家、治国、平天下"的根本,"名"在中国五千年文化中拥有无可替代的地位,命名,从古至今都是大事。在商品经济的竞争中,给品牌起个好名字无疑对品牌的成功起到很大作用,尤其是在今天,面对众多的品牌竞争,好的品牌名能让消费者很快记住,甚至是过目不忘,品牌命名的成功与否,直接关系着产品能否迅速在市场上立足,甚至是能否生存的问题。因此,品牌形象制造的第一步,也是最重要的一步,就是品牌命名。

对于讲座而言,名称是品牌形成的重要因素之一,它直观地反映了讲座的定位、内涵与目标,提供了品牌最基本的核心要素。它给读者以整体印象和基本评价,只要一说到该讲座的名称,人们就很快对该讲座的质量、服务等有一个总的概念。因此,要想让大众识别并很快记住图书馆讲座,就必须给讲座起一个总的名称。

(2)讲座命名的方法

讲座命名是不能随随便便地制定的,要综合各种因素的考虑,结合各学科的知识,采用科学的原理来设计制定。应具备以下几个特性:

第一:识别性。讲座的名称只有易读易记才能高效地发挥它的识别功能和传播功能。这就要求图书馆在为品牌命名时做到：简洁、独特、新颖、响亮。彰显出独特的个性，并与其他图书馆讲座名有明显的区分，表达出独特的品牌内涵。

第二：联想性。正如人的名字普遍带有某种寓意一样，讲座名称也应包含与讲座相关的寓意，让听众能从中得到有关讲座的愉快联想，进而产生对讲座的认知或偏好。

第三：发展性。讲座的命名一定要考虑讲座在以后的发展过程中要适应听众、城市发展前景及图书馆发展规划等，如讲座的特点是什么、给谁听、周期如何、在本地乃至全国有什么样的创新地位等。

第四：亲和性。具有亲和力、有情感的号召力才能得到老百姓的认同和亲近。因此，讲座的命名是否有亲和力是至关重要的。亲和力取决于名称用词的风格、特征、倾向等因素。讲座的听众是广大市民，一定要兼顾到听众的喜好，命名时要使用与当地人相同的"语言"，最好能让听众从名字中就能体验到被关注。

第五：独创性。讲座名要受到法律的保护就要在命名时一定要考虑两点：一是要考虑被命名的讲座有无侵权其他讲座的行为，查询是否已有相同或相近的讲座名称被注册；二是要注意该讲座名是否在允许注册的范围内。

讲座确定了命名目标后，即采用集思广益的策略，动用员工、读者、专家学者、新闻媒体等各方力量，收集尽可能多的描述讲座的词语，然后组织专家进行命名论证，方案评价，并听取各方面的不同意见。最后是查新、申报注册，使知识产权得到有效保护，以便长久与永恒，同时为取得多方单位的赞助和更高的效益奠定基础。

（3）成功案例

目前，国内许多图书馆的讲座名称都很有特点，简洁易记。国家图书馆讲座"文津讲坛"借用古代藏书楼的名称，给人以神圣的文化殿堂、丰富的馆藏资源、五千年文化和古老文明的总体印象；浙江图书馆的"文澜讲坛"源自杭州历史悠久的文澜阁，体现着杭州城深厚的文化底蕴；长春图书馆"城市热读"的含义很广，但首先可以让听众感受到这是密切关注城市、关注学习的讲座；佛山市图书馆公益讲座2005年通过社会征集，正式命名为"南风讲坛"。其源由是佛山地处岭南，是岭南文化的发祥地和重镇之一，南风暗含着地理的寓意，而且希望讲座如风，影响到一个地区一个城市的文化品格和精神趣味。而"南国陶都"佛山石湾的南风古灶，是国内保存最完整且自建窑至今灶火不熄的龙窑，500年薪火相传的象征给了讲座最大的启示，使讲座名称蕴涵了浓郁的地方色彩和厚重的文化内涵。

2. 理念设计

（1）理念概述

在商品经济中，"理念"是引导和规范企业和企业员工的强大思想武器，是企业向社会发出的宣言和承诺，反映了企业存在的价值，是引导消费者和社会公众的一面鲜艳的旗帜。美国行为学家 J. 吉格勒指出："设定一个高目标就等于达到了目标的一部分。气魄大，方可成大业，起点高，方能入高境界。"

（2）讲座理念的设计

图书馆公益讲座要想成"大业"，其理念的策划也同样要设定一个较高的目标。这个目标既要能反映图书馆的发展目标，又是图书馆公共关系活动的灵魂，更是将讲座活动中各种形式有机联系起来的纽带。理念的策划首先要对发展战略定位进行准确把握，进而提炼出能够推进这一战略实施的文化核心。讲座理念的设计要准确、富有个性、表达简洁独到，才具有识别性。同时，要针对图书馆的实际情况、城市文化个性和业务优势等提炼出振奋人心的、上下内外都能接受的，并且能在图书馆内部变成员工实际行动、外部博得社会和听众认同的语言文字，才能达到讲座形象对内激励、对外感召的效果。

（3）成功案例

上海图书馆的"上图讲座"在数十年的发展中形成了"积淀文化，致力卓越的知识服务；世界级城市图书馆；精致服务、至诚合作、引领学习、激扬智慧"的发展目标、愿景和核心价值观。山西省图书馆"星期日讲座"的理念是"浓缩信息精华，聚焦百姓话题"，行文流畅，朗朗上口。南京图书馆系列读者活动在策划之初即确定了活动主题,并以此提炼出简练、通俗的活动口号如"让老百姓有书读、读好书、好读书"等。"重铸书香社会,共建精神家园"是佛山市图书馆公益讲座的理念,这一明确的理念赋予了讲座强大的精神支撑,使讲座成为有源之水,有本之木。在这一坐标下,讲座以传播先进文化为己任,让文、史、哲、艺术类的雅文化占主流,弥漫着浓浓的书香气,渗透着美的文化内涵。

3.视觉传达

有句话说:"一幅画胜过千言万语。"可见,视觉传达甚至超过了文字语言,是理念表达的重要载体,为 CI 设计中的核心和重点。而在视觉传达系统中,以标志、标准字、标准色为核心要素。这三要素将企业或活动的信息概括、提炼、抽象并顺利转换成视觉符号,构成了企业的第一特征及基本气质,同时也是广泛传播并取得大众认同的统一符号。

(1)标志设计

标志就是一种以经过提炼和美化的图案造型与色彩组合为载体,代表某种特定事物内容的符号式象征图案。随着人类社会的不断发展,标志已不再是依附于企业或产品的识别符号,而是超越了传统,成为表达理念与文化的载体,成为一种精神、文明的象征和形象的展示。图书馆公益讲座的精神和形象的展示也主要是通过标志和相关视觉物品来完成的。

对于讲座标志,其设计通常要把讲座的特点、品质及价值理念等各种要素以融合化的符号形式传递给听众,创造听众认知,促进听众联想,使听众产生对讲座的偏好,进而影响讲座所体现的质量与听众的忠诚度。一个好的讲座标志应该是:

第一,简明易认,便于记忆。讲座标志应具有良好的识别性,无论是图形的还是文字的,无论是具象的还是抽象的,均应一目了然,形象鲜明、造型简洁,以简练的语言表达最丰富的意念内涵。

第二,内涵明确,个性突出。讲座标志其图形特征应明确突出,在图形与文字设计上能表达讲座的内涵、理念和特色。

第三,新颖独特,引人注目。讲座标志应是创新独特的,在视觉上具有与众不同的视觉感受。应避免与各种各样已经注册、并已经使用的现有标志,在名称和形式上相雷同。

第四,文化为本,艺术构思。文化性是标志本身的固有属性,即设计风格,或设计品味。讲座标志形象中所显现出的文化属性,是来自讲座本身所具有的文化底蕴。艺术性则是通过设计师巧妙的构思和技法,将标志的寓意和优美的形式有机结合体现出来。

广州图书馆"广州文化论坛"的标志(图2-1)较早出现,标志选择以红色的木棉花作为背景,"广州"二字以行书形式出现,"文化"中的"化"字右边的一撇恰好为木棉花的一片花瓣。整个设计红黄两种颜色相互辉映,明暗两种色调协调一致,动静结合,充分体现了"广州文化讲坛"开放与包容的创办理念。黑龙江图书馆"龙江讲坛"标志(图2-2)的主图案为"龙江"两字拼音首写字母"L"和"J"的变形,象征黑龙江。中间背景图案为社科和社科联的拼音首写字母"S",象征社科联和社科普及事业。红色图案代表主办方围绕省委、省政府的中心工作,让社会科学的阳光普照。蓝色图案代表讲坛服务的对象——大众,取大海之意。流畅、柔和、立体感强的线条象征着讲座和听众的交流、互动,给人一种和谐的美感。

图2-1   图2-2

目前,国内绝大多数图书馆讲座尚处在发展阶段,比较重视讲座的命名,对标志设计尚未引起足够的重视,具有正式标志的讲座也屈指可数,这也是制约讲座形成知名品牌的重要原因。

(2)其他视觉物品设计

讲座其他视觉物品主要包括:舞台背景、招贴、宣传单、纪念品等。这些视觉物品设计的首要原则就是要与讲座标识互相统一和协调,在文字、色彩、构造上都要明显体现讲座整体风格,具有较强的视觉识别功能。其方法是采用统一字体,统一色彩搭配,以标志的出现来确定讲座属性。

(3)讲座策划者与视觉传达设计

作为讲座策划者,要完成讲座形象传达,使视觉形象各要素符合讲座的个性,不但要理解讲座的定位、传播目标、品牌策略,以及在城市文化建设中的地位,还要理解讲座关键决策人对于讲座视觉识别产品的审美期望。要与设计人员多沟通,明确传达自己的观点、帮助设计师成功搭建起设计框架,选择合适的设计题材和造型要素,形成统一的有机生命力的设计系统,采用科学的媒体策略,进行有效的长期的传播。

三、场地选择

一个适当而有效的讲座,究竟应该具备多大的物理空间,至今还没有一个能定量的标准。场地的大小,座位的多寡,位置的高低和讲座的成熟度、美誉度,建筑空间的物理特性等多种因素有关。现代都市生活中,由于居住密集,声源众多,如果讲座空间过于空阔开放,也会干扰和影响讲座现场,因此讲座首先需要一个相对闭合的环境。空间太大,位置过多,就会给讲座听众组织制造困难,如果有很多位置空置,一般会影响到主讲人的情绪,不利于主讲人很快进入到最佳的演讲状态,同样也会影响讲座的交流质量和效果。但如果空间过小,只能容纳百十位听众,讲座所能影响的面又过于狭窄,组织讲座的机会成本就会相应增加,同样制约着讲座社会效益的发挥。讲座在图书馆的位置也应该有所考虑,最好能跟图书馆的其他业务活动区域有一定分隔,但不应该太高太偏僻,应该考虑到安全因素,方便在突发事件发生时,迅速疏散。就国内讲座比较成功的众多图书馆的讲座来看,200至400个座位的场所比较合适。

四、整体规划

讲座整体规划就是讲座在一定时期内的具体工作计划,即安排讲座周期和选择讲座类型等问题。这样可以逐步使讲座实现从不定期到定期,从随意性到计划性,从单一化到多样化的过渡,形成一定的规模,给听众留下深刻印象,吸引和留住听众。

讲座整体规划通常以一年、半年或一个月为计划周期,分为年度计划、半年计划或月度计划等,做计划的时间要在上一年末、6月底或每月月底。

(一)周期和时间规划

任何一个成功的讲座,都会有适合听众需要,有益于刺激听众提高和巩固讲座忠诚度的周期。对于公共图书馆讲座多样性和多变性的听众结构,周期必须具有固定性和适当性,才能使广大听众在快节奏的现代都市生活中形成固定听讲的生活习惯。

过长的周期,比如以月为周期,很难在快节奏的现代都市生活中形成听众的固定听讲习惯;以旬日为周期,则必然与社会大众以及国家规定的节假日和余暇时间不合拍,组织者难以应对。周期过短,比如一周几次,或每日一次,除一些资源雄厚的图书馆或大众传媒能够做到,一般的公共图书馆是难以为继的。过密的讲座安排,除了主讲人和话题容易枯竭外,也容易造成听众的审美疲劳。实际上可以如同连续剧一般追踪下去的电视讲座听众,也不常见。根据国内公共图书馆持续多年较为成功的讲座案例来分析判断,讲座周期一般以每周一次,或每两周一次的频度比较合适,讲座的具体时间以周末为宜。

(二)类型规划

1. 按讲座形式划分的类型

在讲座形式类型上,可以按场地的不同将讲座分为阵地讲座和流动讲座等。

（1）阵地讲座

阵地讲座就是以图书馆为阵地举办的讲座。其优点是听众基础好，场地熟悉，工作人员配合默契，听众组织较易，可以为图书馆聚集一定的人气。

（2）流动讲座

流动讲座就是将同一主题的讲座在不同地点进行巡回流动，其优点是节省人力物力，实现资源共享，使多方受益。佛山市图书馆、佛山南海区图书馆、中山市图书馆因地缘相近，经常互相之间开展讲座流动。这不仅实现了资源共享，还有效分担了讲座运作方面的费用压力。此外，这种流动能让主讲人在一次的旅程中多走几个城市，领略不同城市的面貌，接触不同城市的文化，也受到了主讲人的欢迎。但这种流动讲座的举办模式，要求讲座的组织者对衔接工作的高度重视与细致安排。

另外，移动讲座是讲座形式的又一创新，它属于流动讲座的一种，是利用社会多方资源，与部门、企业合作，将图书馆讲座移动到公共舞台、学校、社区、部队、厂区等。这是图书馆与社区文化建设实行互连、互动、互补的新尝试，其优点是能有针对性地服务于不同听众，让讲座走得更远，实现图书馆与社会多方的共建共享、合作共赢。

2. 按讲座内容划分的类型

在讲座内容类型上，可按是否具有连续性将讲座分为专题讲座和系列讲座。

（1）专题讲座

专题讲座一般随机性较大，用于为及时反映社会重大事件或热点问题，或为就主讲人在时间上的方便而设。

（2）系列讲座

系列讲座是由一位专家做长期系列讲座，或就一个主题由多个专家进行系列讲座，将一些内容实、质量高、有着良好反响的讲座办成系列化的活动，制定出时间跨度较长的讲座规划。系列化是提升讲座品质的必由之路,也是考量讲座组织水准和对讲座主题把握的尺度。系列讲座可以使听众有一个固定的获取知识的平台,使得讲座在一定的时间段内,在固定的时间、固定的地点,吸引一批固定的听众,避免了讲座的临时性与随意性,能够培养出相对固定的听众群,使讲座达到良好的听众效应,也有利于社会媒体配合宣传造势,扩大讲座的社会受众面。但是,系列化对人力和物力的投入提出了更高的要求,而且由于系列的时间跨度往往较大,所邀请的主讲人本身由于事物繁杂,增加了不能如期举办的可能与风险。对此情形,应有补救的措施及早列入讲座的计划和考虑中。

目前我国图书馆开展的系列讲座主要集中在:第一,文学艺术系列,如阅读指导、音乐欣赏、美术作品欣赏、文物欣赏等;第二,科学普及系列,如健康卫生、世界地理、科技发明等;第三,地方文化系列,如都市文化、人文风俗等;第四,政治历史系列,如国家政策、两会论坛、口述历史、国际政治等;第五,经济法律系列,如经济学家论坛、市民与法等;第六,国际局势系列,如国际关系、军事动态等;第七,时尚话题系列,如职场指导、公关礼仪、理财等。黑龙江省图书馆的"龙江讲坛"善于组织、整合各类讲座资源进行细致的规划和归类。根据需要板块进行更新和添加,每一板块下组织策划系列讲座。现该讲坛设有四大板块,主要内容包括:第一,时政解读;第二,教育培训;第三,百姓民生;第四,人文历史。

3.整体规划的步骤

各类型讲座可同步开展,也可分别举办。讲座策划者要按照讲座策划的基本原则,围绕本馆讲座定位,根据调查分析后所得信息,结合现有资源进行选题,对一个时期内的讲座安排做出具体计划,决定场次、时间、形式、类型以及主题等。计划成文后,要将计划报告主管领导和讲座各工作人员,以便讨论通过,落实场地、分工,选择聘请主讲人,并及时对外宣传发布。

4.成功案例

在讲座的整体规划这方面,香港市政局各分区图书馆和小型图书馆做得比较好。他们每月都制订推广活动计划，提前向读者宣传，各小型图书馆举办专题讲座，还要将计划报告分区图书馆。吉林省图书馆的"休闲时光话读书"系列讲座创建于国家开始实行"双休日"的1995年。15年来，该馆在每周日都举办讲座，引导群众由娱乐型休闲向文化型休闲转变，迄今为止共举办了350场，形成了一个固定的听众群，使"系列化"的理论得到了印证，具有一定的规模效应；此外，国家图书馆、首都图书馆、上海图书馆、黑龙江省图书馆、吉林省图书馆、长春图书馆等讲座也已完成了从不定期到定期，从单一的专题讲座到系列讲座，从小规模到具有一定规模的过渡。这说明上述图书馆除所在地域经济、文化实力较强和讲座的历史长、基础扎实、业务水准较高等原因之外，具备一个整体的规划也是讲座产生良好效益的有力保障。

第四节　图书馆公益讲座的具体策划

一、选题

(一)选题的必要性

图书馆讲座的成功要素主要有三个方面：一是合适的主题，二是合适的主讲人，三是忠实的听众。讲座主题是给听众的第一印象，是发挥主讲人的智慧与才能的前提，也是吸引听众的最重要的因素。市民是否愿意来听讲座，很大一部分取决于讲座的主题，合适的主题有时能够弥补主讲人表达能力不足的缺憾。选题就是讲座策划者对讲座主题的构想和策划，是策划者依据一定原则和要求对所收集、感受、领悟到的有关信息进行提炼、筛选、升华，最终策划出合适的主题的过程。选题既是一个具体操作环节，也是讲座成功的第一环节，起着主柱作用。

(二)选题的要点

合适的讲座主题是无穷无尽的，不同讲题听众的需求是不一样的，就是同一主题的听众，其需要程度也是不一样的。如何选择、确定合适的讲座主题,吸引更多的听众,需要讲座策划者按照如下要求进行深入思考。

1.突出讲座定位,反映讲座内涵

讲座面向的是广大市民,这就使得听众的成分复杂、类型多种多样。因此,在确定讲座的主题时,对具体的某一场讲座而言,不一定要面面俱到,让每个人都愿意接受,但一定要有它的听众群。特别是对于刚刚建立讲座业务的图书馆而言,其人力、物力和经验都是有限的,要取得方方面面的支持与关注很不容易,在选题时,不要求让每一个人对每一个讲题都感兴趣,最重要的是先培养一个相对固定的听众群。文化本身就是春风化雨的慢工夫,培养听众群体,提升听众水平不是一朝一夕可以做到的事情,开展公益讲座不能贪多务得、全面开花,更不能有毕其功于一役的侥幸心理,而是要有重点选择,把握先进导向。要集中突出讲座定位,反映讲座的内涵理念,慎重选择讲座主题和主讲人,去粗存精、去伪存真,以科学的理论、正确的舆论引导听众的思维走向,以高尚的精神、优秀的作品教育、熏陶、培养听众的相关兴趣,使听众树立相应的价值观和审美观,产生对图书馆讲座的认同感和归属感,以此逐渐形成一个稳定的听众群。

2.体现城市个性,彰显文化魅力

讲座是一种"文化自觉"的表现,其底蕴和基础应该是城市文化个性。并且,讲座只有从自己城市的文化积淀中汲取营养,充分体现城市的地方风情和精神风貌才会更具有历史的厚重感,才会显现出城市文化独特的精髓而更有魅力,成为城市文化的新名片。图书馆作为社会教育和信息交流中心,往往是城市地方文化资源的收藏中心和研究中心,具有丰富的地域文化资源,具有整合城市人力资源、文化资源的优势。策划者可以借此优势发掘城市文化积淀,策划具有地方特色的讲题,办出特色,吸引更多的专家、学者前来开坛论道,让人们认识这个城市的昨天、今天,推进地方文化的传承与发展。

目前,我国图书馆界已形成京津地区、长三角地区、珠三角地区、长江流域地区、东北地区、西南地区等多个图书馆讲座活跃地区。这些图书馆讲座的选题十分注意介绍本地特色,内容涵盖了人文社会领域,内容广泛,精品荟萃,折射出该地域的历史文化积淀和不同城市的文化需求和个性,使听众加深了对地方文化的了解,陆续形成了一些富有特色的讲座品牌,并成为当地知名的文化品牌。

例如:上海历来是一个高度开放、具有包容性的城市,上海不像是一个中国传统城市,而是更符合马克思所说的市民社会,上海人也是颇异于传统中国人的"都市新人类",是个新兴的"部落"。余秋雨先生曾谈到:所谓上海的"城市部落人"就是只属于城市这个"部落",无论来自何处,只要经过了部落的"成年礼",接受了上海文化的"洗礼",在内心规范、行为方式和生活秩序诸方面都与上海文化相认同,就是这个部落的一员一样。上海图书馆的"城市教室"正是满足了上海人在文化认同上的需要,凸现了图书馆的社会服务功能,让人感受到了上海文化的社区性和"城市部落"文化的特征。

广州和广东文化,由于地处岭南一隅,从饮食服饰、建筑民居,到音乐美术、戏剧文学,都有自己的特色而与内地大相异趣,独树一帜。文化的开放性以及求新、求变、求实使粤文化成为当代中国最"生猛鲜活"的地域文化。广东省立中山图书馆的"广东学术论坛"和广州市图书馆的"广州文化讲坛"秉承岭南文化的"集中原之精粹,纳四海之新风"的精神品格,开坛论道,以不断提升广大人民群众的精神生活和文化品位,为推动中国社会经济的持续、稳定、健康发展出谋献策;佛山市图书馆的"南风讲坛"则努力挖掘中国四大名镇之———佛山独特的历史遗产和文化积淀,经常性地举办"佛山记忆"、"认识佛山"等系列讲座,内容包括最能反映佛山本地传统文化的古镇历史、佛山名人和陶艺等。这些讲座都映衬出岭南文化的独特魅力。

大连虽然是一个沿海港口城市,但大连的文化底蕴仍然是中国传统文化,是齐鲁文化和关东文化的融合。"白云书院传统文化讲座"是大连图书馆打造的品牌讲座。讲座运用传统的教育模式——书院为名,通过书院特有的"讲会"形式,定位于传统文化。"白云吟唱团"在学习清代以来大连地区吟咏方法的基础上,融合、吸收了西洋声乐的技巧,吟咏古典诗词,别开生面,令人耳目一新。这正从一个侧面反映了海滨之城的大连从传统文化逐渐走向沿海文化所展现的外向、务实、流行的特征。

成都是天府之国,地处四川盆地,地理位置优越,物产丰富,生活便利,造就了成都人特殊的"逍遥性"人格。休闲文化成为成都独有的一道城市文化景观。成都图书馆的"成都讲坛"有代表性的"请政府官员解说市民关心话题",先后请市公安局、教育局等 10 个职能部门的负责人与 5000 多名市民面对面,第一时间公布了衣食住行等方面的权威信息。这种体恤民情的作风与成都人享受人生乐趣的民风是分不开的。

可见,作为讲座的策划者,必须了解自己城市文化的资源优势,把握本城市文化的个性与核心价值,把握本城市文化与其他城市的差异性,将讲座建立在个性化的城市文化的底蕴之上,与时俱进,不断推出能够引领城市文化潮流的讲题,这样的讲座才有个性和魅力。

3.把握热点,关注社会

地球是转动的,世界也是动态的。世界上每天都会有事件发生,凡是发生大事,都会引起世人的关注,从而派生出无数的社会热点。作为讲座策划者,要能够及时把握时代脉搏和社会热点问题,就要有敏锐的眼光,抓住机遇,并及时回应,果断决策。首先,要从分析社会大势入手,把握时事政治、经济状态的总体趋势,要关注和探索涉及人类根本和全局性的大问题,然后努力聚焦社会发展中的城市文化、科技创新、人文环境、素质教育等热点,围绕党和国家工作重点以及广大听众所关心的热点问题、难点问题、重点问题来选题,使讲题具有鲜活性,能够反映时代最新思潮、最新生活方式、最新价值观和最先进的理念、知识、技术等。讲题的展开要在正确舆论导向下,纵论天下大事,解析热、难、疑点,既要有精辟的分析、又要有大量的信息,以满足听众求知、求新的心理企求,提高广大民众的文化素养。

浙江图书馆的"文澜讲坛"紧扣时代脉搏、关注文化创新,内容涉及音乐、戏曲、文学、诗词、美术、礼仪、服饰文化、文物等,积极为当地政府文化创新的举措造势；深圳南山图书馆的"博士论坛"密切结合该地区高新技术产业基地和高等教育基地的定位，其选题紧扣该区社会经济文化生活的主旋律，与社会发展同步同调，内容包括科技、法律、人才、心理学、医疗保健、计算机等学科领域。另外，上海图书馆和吉林省图书馆都善于在及时性上下工夫。在较多的热点中，筛选出听众最想听的热点为讲题。如当一场东南亚金融风波搅得世界震动时，上海图书馆及时策划了题为"东南亚金融风波的成因和我国的对策"的讲座；当上海获得2010年世博会的主办权后，上海图书馆讲座中心便不失时机地推出了以世博会为主题的"2010上海世博讲坛"，该讲座的举办帮助了市民在筹备世博会的日子里进一步认识了上海的城市文化；2009年6月，中共吉林省委党校副校长周知民教授的"没有共产党，就没有新中国"拉开了庆祝新中国成立60周年系列讲座活动的帷幕，这些讲座再现了中国共产党带领中国人民建立新中国、建设新社会的历史足迹，使广大听众重温了历史的光辉进程。

4. 贴近听众，通俗而不媚俗

听众是讲座的对象，讲座的成功与否，很大程度上取决于现场听众的认同度，没有听众认同，也就丧失了讲座存在的意义和价值。因讲座听众的类型来自社会各个阶层，涵盖了各个层面人士，个人文化背景的不同，人们所感兴趣的话题也不尽相同。所谓"贴近"，就是要求讲座策划者在选题之前先进行一番调查，对本地区听众结构、知识基础和认知需求等作个整体评估，可根据不同群体的特点、兴趣、爱好，将听众细分成不同的群体，如学习型、应用型、休闲赏析型、研究型等，有针对性地选择不同主题的讲座。

虽然说，面向大众确定讲题是讲座服务广大市民的体现，但面向大众的选题并非就意味着讲座的低层次和盲目迎合社会时尚，而是要求讲座的内容一方面要适合不同人群、不同层次读者对文化的需求，力求把讲座的专业性、普及性、知识性和趣味性有机地结合起来，以深入浅出的方式传递知识和信息，使高雅的讲座通俗化、平民化，防止理论性过强，枯燥乏味，难生共鸣。另一方面，要防止为迎合听众而一味追求新、奇、特,使讲座内容走向低级媚俗。据吉林省图书馆从事讲座工作的人员调查分析,目前听众比较感兴趣的讲座内容有12项:名著欣赏、文学知识、历史知识、人物传记、历史事件、民俗文化、哲学思维、经济形势、法律知识、创新思维、热点问题、城市历史与文化。策划者应该抓住其中最受关注的热门话题进行选题,邀请适当的专家、学者,通过他们的讲解,帮助听众获得新知,提高品味,起到引领与培育的作用。

武汉图书馆"名家讲坛"在选题方面注重不同文化层面的要求,既追求讲座的格调高雅,又顾及听众群体不同层面的需求。结合青少年思想道德教育,开展"关注青少年阅读,开创精彩人生"阅读系列讲座;结合老年听众的需求,请知名书法家作"行草书的创作"的讲座;根据特殊群体对技能知识的需求要大于对理论知识的需求现状,适度安排一些侧重于传授就业谋生技能的讲座,受到不同层面的听众的好评。厦门图书馆把"周末知识讲座"定位在:面向广大市民的公益性知识讲座,让市民在节假日免费学到更多的知识,享受高档次的精神生活,提高全社会的文化素质。黑龙江省图书馆"龙江讲坛"的"百姓民生"系列讲座着力解答人民群众最关心、最直接、最现实的民生问题,兑现了讲坛的"关注您正关注的,思考您所思考的,解析您想解析的"的承诺。这些图书馆的讲座正是坚持了贴近听众的原则,处理好广泛性与地域性、专业性与普及性、系统性与专题性、欣赏性与应用性的关系,才使讲座不断发展。

二、主讲人选择

主讲人是讲座的最重要元素,这是显而易见的。因为如果讲座缺了讲者,聚集在一起的人就成了一盘散沙。主讲人的研究方向、思想深度、学术趣味、演说风格、治学态度、表达逻辑,在很大程度上,决定着一场或一个类型讲座的成败,因此,对主讲人选择的适当与否,既决定了讲座的品位高低,又反映出策划者对主讲人魅力的发掘能力,更从另一个侧面衡量出策划者自身的文化底蕴和鉴别能力。

（一）主讲人的魅力

1. 人格的魅力

历史上，往往一个学派的形成，就因一个老师个人知识素养的深厚、人格魅力的浓郁，而吸引着大量的追随者，从而在学术史或社会史上留下鲜明的印记。被推为"万世师表"、"至圣先师"，孔子除了他的道德文章能赢得累世尊崇，记录在《论语·先进》中的"子路、曾晳、冉有、公西华侍坐"，两千五百载而后仍然令人悠然神往，记载的就是一场最为生动的讲座场景。

所谓"人格魅力"就是指一个人在性格、气质、能力、道德品质等方面具有吸引人的力量。人格魅力的产生并不强求主讲人外形英俊潇洒、高大威猛，而是需要主讲人具有令人尊敬、爱戴的凝聚力。其基础在于人的性格特征，表现为：在理智上，感知敏锐，具有丰富的想象能力；在思维上，有较强的逻辑性，尤其是富有创新意识和创造能力；在情绪上，善于控制和支配自己的情绪，保持乐观开朗，振奋豁达的心境，情绪稳定而平衡，与人相处时能给人带来欢乐的笑声，令人精神舒畅等。具有人格魅力的主讲人在演讲的过程中更容易让听众对其产生好感，其学说更容易被听众所接受，受到欢迎和倾慕。

2. 思想的魅力

著名经济学家凯恩斯说过一句发人深思的话："支配一个社会运转的主要力量不是既得利益，而是思想。"事实上，思想是一切行业领域、各个工作岗位的人们履职尽责不可或缺的精神资源。一个民族的发展、一个个体的命运，在很大程度上取决于其思想的高度。一个善于思考的人才能把握人生的方向，一个有思想的民族才能有光明的未来。

先进的思想总是以其强烈的时代感昭示社会前进的方向，传递人类文明进步的信息。而具有思想魅力的主讲人必须具有引人深思的深厚学理，又有催人奋进的人生感悟；会始终关注社会变迁和人文教化，以资政育人、服务社会为己任，积极传播先进文化，为推动思想启蒙、提升公民素质进行积极的探索，给人以深刻的启迪和思考；他们能史学见长,却从不萧规曹随、因循守旧,而是锐意求新,善于捕捉时代课题,以一个知识分子的视角观照这个时代;他们敢于对历史进行大胆的探索,积极构建先进文化、民族精神体系,并深入思考改革与发展等问题,对文化传承、思想启蒙、人文教化等社会问题进行透视。更为重要的,他们普遍都具有知识分子的社会责任感,紧紧依托时代社会的深刻变革,立志以自身的言行来影响人和社会。因而,听这些主讲人的讲座能为听众认识和理解这个时代提供一个新的视角,把听众带进一个更为广阔的天地。

3. 语言的魅力

如果说逻辑是思想的骨架,那么语言就是思想的血肉。缺乏审美价值和艺术感觉的思想学说,不可能赢得听众,其学术价值和社会价值也就无从实现。"言之无文,行而不远",许多思想论著所以被束之高阁,少人问津,盖因其枯燥沉闷,缺乏应有的语言表现力,调动不起读者的阅读兴趣。同样,讲座主讲人除了要具备先进的思想、深厚的专业学识和理论功底之外,演讲成功与否的关键还在于其演讲中运用的语言艺术。

讲座作为一种教学形式,首先应该让人听得懂,如果听不明白,谈何受益?图书馆公益讲座的对象涵盖非常广,尤其是在外来人口众多的城市,为了能让绝大多数人听懂讲座,主讲人一般要求会讲普通话,但并不要求每一位主讲人的普通话都说得十分标准,字正腔圆,但应尽量做到吐字清晰,表达流畅。

在具有良好的语言表达能力的基础上,主讲人需要有优秀的语言运用能力,即通常所说的"口才"。要使听众在较长的讲座时间内专注于讲座,主讲人必须具备良好的口才,才能实现深刻的思想内涵和非凡的表达的有机统一,以深入浅出的方式感染听众、征服听众。反之,尽管主讲人满腹经纶,但表达不出来或语言晦涩难懂,听众不知所云,那么讲座的效果也就差强人意了。

(二)主讲人资源利用

利用各种关系聘请一流的主讲人,是每个讲座组织者的愿望。对于公共图书馆开展的公益讲座,主讲人的范围非常广泛,但策划方向、服务对象的喜好及接受能力、经费、讲座的发展程度、社会资源的把握、城市文化发展程度等都是策划者在主讲人选择的过程中出现的制约因素。尽管这些制约为讲座的组织者带来了极大的难度,但也恰恰因为这些制约因素让组织者们因地制宜、因时制宜地打造了各地富有特色的公益讲座。

1. 本地资源

在讲座启动初期,必须依仗本土资源,才能做到减轻成本,在短期内吸引大批听众。例如佛山市图书馆"南风讲坛"在创办初期由于没有固定的经费支持,讲坛一直都处于"白手起家、白手经营"的状态,对主讲人邀请往往是本地作家、学者、教师等文化、教育界人士居多。而对于这一点,位处大城市的公共图书馆可谓得天独厚。例如地处教育名城长春的吉林省图书馆、长春市图书馆在讲座启动后,采取了一系列与本地高校联动的举措,通过高校自主推荐,组织者挑选并邀请学者开讲。

2. 外地资源

相比之下,由于缺少大学、研究机构和大型的文化机构,人才资源相对稀缺,中小城市公共图书馆在主讲人来源的掌控能力方面相对薄弱。因此,这类图书馆就应在积极利用本地资源的同时,不断开拓外地资源。例如佛山市图书馆通过与北京大学、中山大学、武汉大学、南开大学等省内外高校取得联系,积极开展"佛山·珞珈山"、"南风·南开"等高校名师系列讲座,把高校名师的文化、思想、阅历带给听众,深受欢迎。中山市图书馆依托高校教授引荐取得与台湾学者的联系,开展"台湾名家"巡讲,更搭起了台湾学者与市民文化交流的桥梁。然而,邀请外地主讲人必然会带来交通、食宿等方面的支出,因此,组织者在邀请外地主讲人的过程中,需要就经费预算作好安排。

3. 资源合作共享

(1)合作

公益讲座的策划者不可能对每一领域的专家、学者都了解。对此,可加强与高校、政府、企事业单位、行业协会等的合作,甚至还可以通过中介公司、中介人取得更多行业的支持,以拓宽主讲人的来源。首都图书馆"首图讲坛"由七大板块组成,每个板块都有其合作单位。这些合作单位不仅包括北京市社会科学联合会这样的政府机构,还包括来自社会的企事业单位、行业协会。除主动邀请主讲人外,"首图讲坛"组织者还尝试与合作单位联合邀请,由图书馆提出主题要求,合作单位提供候选人以供选择。黑龙江省图书馆"龙江讲坛"也有类似做法。通过与高校合作,由图书馆提供策划方向或主题,再由高校推荐高校名师以供选择。组织者与候选人进行交流,最终由校方出面邀请主讲人开讲。

(2)共享

共享就是由几家图书馆共同选择邀请主讲人在多个地区和单位进行循环流动,实现主讲人资源的联盟。通过与上海图书馆"上图讲坛"、国家图书馆"国图讲坛"等兄弟讲坛的联系,佛山市图书馆"南风讲坛"不断丰富其主讲人的资源,并把这些资源推广到周边城市的图书馆。在中山市图书馆"香山讲坛"、佛山市南海区图书馆"有为讲坛",以及南海区大沥镇文化站图书馆公益讲座等讲座活动的起步阶段,"南风讲坛"都为其引荐了大批主讲人,以扶持其发展。在这些讲坛步入正轨之后,各讲坛之间又推行了共享模式,不仅互相推荐主讲人,还根据各讲坛举办时间,拟定巡讲路线,共同邀请主讲人进行巡讲,实现了主讲人资源的有效共享,节约了运行成本,提高了效率,并使多方受益。

位处东三省的黑龙江省图书馆"龙江讲坛"、长春图书馆"城市热读"公益讲座因地缘关系合作频密,2010 年来一直在探索讲座联盟的新模式。2008 年,两馆公益讲座启动了"互派主讲人"的合作模式。主方负责在本市邀请主讲人并负责讲酬,客方负责接待主讲人并安排讲座。这种模式的开展不仅使讲座成为两市文化交流的平台,也使两地讲座之间的主讲人资源得以共享。

三、讲座形式设计

随着社会的发展及讲座的深入开展,传统意义上的单纯讲座已经无法满足听众日益增长的文化需求。要想保持讲座旺盛的生命力和强大的吸引力,扩大讲座的影响和凝聚力,策划者不仅要了解听众之所需,做好讲座的整体规划和选题,还要适时地对讲座的举办形式进行创新和改进,增加讲座的趣味性,调动起听众对讲座的热情,聚集良好的人气。讲座形式的创新设计,可参照以下几种方式和手段,根据具体讲座的规模、类型和内容特点进行单独或综合运用:

(一)赏析式

赏析式讲座就是在讲座的过程中除主讲人的演讲外还穿插表演、解析、示范等。例如佛山市图书馆在"魅力佛山·2004 琼花粤剧艺术节"期间负责举办的"粤剧知识与欣赏系列公益讲座"首场讲座"万福台讲大戏",就考虑到是专门针对小学生、舞台与听众席的距离较远等因素,讲座策划者与主讲人积极沟通,共同策划,运用了赏析式的讲座形式,打破了一般"讲坛授课"与"学术研讨"的枯燥模式,用"聆听与观赏结合"、"知识性与趣味性结合"、"台上讲、演、答与台下看、学、问结合"的互动形式。在讲解粤剧表演艺术特点的环节,由多名粤剧演员以粤剧行当角色的扮相粉墨登场,配合主讲人做表演示范。表演使观众眼前一亮,赢得阵阵喝彩。在展示和讲述各行当的特色环节时,由粤剧演员扮演的"生、旦、净、末、丑"行当角色依序上场亮相,主讲人以此为版讲述粤剧行当的人物类型、化妆服饰、表演特色等,使观众从整体上对粤剧的各个行当角色有了一个清晰的认识,使粤剧这门高深的艺术变得浅显易懂,使原本枯燥的讲座变得生动活泼、谐趣横生、气氛热烈。事实证明,演讲与表演的双剑合璧不仅使讲座成为了传播文化的平台,还让讲座成为听众享受文化生活的乐园。

(二)访谈式

图书馆的讲座在多数情况下都是一位主讲人就某一命题进行演讲,讲座形式的创新就是要打破这种常规,改变"一言堂"的老模式,让更多的人参与到讲座,让多种不同的声音和风格同时向听众传递,更加有效地表述观点、激扬智慧、散播思想、传递成果,使图书馆成为社会文化的中心和人际交流的纽带,让相互隔离的人们在这里理解交流、相识相扶,促进不同文化之间的对话。

访谈式讲座分为专访式讲座和谈话式讲座。

1. 专访式:是主持人与特定的采访对象就一定的主题在讲座现场进行谈话的讲座形式。长春图书馆的"女子修养学堂"也曾在"三·八"国际劳动妇女节期间邀请女性研究专家与主持人面对面以专访的形式共同探讨新时期女性如何寻找情感与理性的平衡点,现场气氛热烈,充满亲和力,受到广大女性朋友的认同。

2. 谈话式:是由主持人邀集嘉宾(含听众),围绕公众普遍关注的重要话题,在平等民主、真诚和谐的氛围中展开讨论的群言式言论讲座。佛山市图书馆"南风讲坛"主持人曾邀集著名学者袁伟时、作家金敬迈、安文江就人文精神的重铸和良好社会风气的营造等问题展开讨论,让观众欣赏到了一场精彩的谈话式讲座,同时领略了多位学者和作家的风采,留下了深刻印象。这些访谈式讲座的成功,正是来自于富有创意的讲座形式策划。

(三)互动环节

互动是讲座中必不可少的重要环节,这是因为,讲座现场的气氛和细节,所传达信息的完整和精准微妙,是其他任何文化产品望尘莫及的。听众的开放性,决定了讲座的每一位听众都置身在一个"陌生社会"中,是一个在言说相对隐蔽而安全的环境。对于主讲人而言,有了充分的提问、置疑和呼应,主讲人也能及时调整讲座的方向,使讲座更加具有针对性,使对话在更充分有效的层面上进行。一个主讲人,也许会对同一个话题演讲反复多次,而互动环节则每次都不同,这些差异就是激发主讲人调动自己知识储备、激活新思想,从而给整个讲座以提升、以启发的最有效触媒。

作为佛山市图书馆"南风讲坛"的主要内容,听众提问环节总是精彩频现,而且听众的提问水平在不断提高。一位从初中就开始听讲座的听众在写给佛山市图书馆的信中说："讲座赋予了他开阔的视野和思辨的习惯。"这说明讲座特别是互动环节发展了一般市民的公民意识与思考才能，提高了情感发展水平，也使讲座策划者从另一个侧面对听众加深了了解。

（四）辅助手段

讲座，顾名思义是以口头讲述作为向听众传递知识信息的主要手段，但在讲座过程中适当增加辅助手段可以从视觉、听觉上为听众形象地反映各类图像、声音、数据、图表等，使讲座的演讲过程更加生动，提高讲座的趣味性和直观性，帮助听众更形象更深刻地理解讲座的内容。

辅助手段可以有多媒体设备、写字板、讲义、同步展览和游戏活动等。首都图书馆"乡土课堂"在这方面可称为典范。该馆在举办"元大都及其文化遗存"、"北京水系的变迁"等讲座时，通过幻灯片将主讲人带来的辅助资料充分展示给听众，使全场听众都能参照古代北京的地图理解讲座内容。而且，该馆尽可能请主讲人预先提供讲座提纲或相关知识，将其复印成讲义，在讲座开始之前发放给听众，以便于听众更好地领会讲座的整体结构。

（五）联动活动

讲座由于场地和时间上的制约会造成主讲人传递和听众获得的信息有限。图书馆可以结合讲座内容，推出相关的系列文化活动，形成与讲座的联动。例如首都图书馆"乡土课堂"在举办"春节民俗"系列讲座期间，制作"岁末春明——老北京年俗展"设在报告厅的外墙上。展览包括百余幅珍贵老照片，图文并茂地展示了老北京过年时的情景。而结合"中华传统灯谜趣谈"一讲，首都图书馆举办了为期19天的猜谜活动，吸引了大批读者参与。2008年12月，黑龙江省图书馆"龙江讲坛"首次推送著名知青作家贾宏图先生赴上海图书馆进行题为"我为知青证明：没有墓碑的爱情与生命——我为什么写《我们的故事》"讲座，场面感人。讲座期间，主办者还举办了知青文学研讨会、诗歌朗诵会和售书等联动活动，使该场讲座不仅成为图书馆讲座联盟的先例,更成为两地城市文化活动的亮点。可见,同一主题的研讨会、展览、朗诵会、售书及游戏等多位一体的联动活动,可以形成多元化的讲座形式,也是对讲座进行宣传的有效途径。

四、经费预算

资金,是开展一切活动的基本保障。作为公益性的公共图书馆,要想数年坚持举办"免费入场"的纯公益性讲座,可以说是经营"亏本的买卖"。现今,经费问题仍是制约众多公共图书馆讲座规模和水准,阻碍讲座进一步发展的主因。毛泽东在《反对党八股》里说:"'看菜吃饭,量体裁衣。'我们无论做什么事都要看情形办事。"因此,讲座的策划者同样也要学会精打细算。

在会计学上讲,预算是一个预设的目标。而讲座经费的预算,在讲座策划和举办过程中起着规模控制的重要作用,是讲座工作不可或缺的管理手段,它包括经费筹措和支出经费预算两个环节。策划者既要根据讲座需要达到的目标作出相应的经费预算,列出工作项目和经费支出明细表,同时,又要根据本身的资金条件来作出相应的工作决策,以此决定主讲人的档次、水准、知名度、场地的布置程度、联动活动的项目以及宣传的力度等,并有效控制整个操作过程。

(一)经费的来源

1. 政府财政拨款

由于公共图书馆属公益性事业单位,其经费来源是政府财政拨款。但由于各地图书馆讲座发展情况不同,政府对讲座的认识和支持程度不同,加上政府财政状况和地区经济状况的差异,因此,政府对讲座经费的提供主要有两种方式:讲座专项经费(直接提供)和图书馆公用经费(间接提供)。

(1)讲座专项经费

讲座专项经费对讲座工作的开展起到强大的支撑作用。例如佛山市图书馆"南风讲坛"每年政府下拨的专项经费为 15 万元;佛山市南海区图书馆的"有为论坛"每年政府下拨的专项经费为 15 万元;广东省中山市图书馆的"香山讲坛"每年政府下拨的专项经费为 10 万元。这些图书馆由于拥有一定的经济后盾,因此讲座工作开展得比较顺利,在数量和质量上都达到一定的规模,形成了固定周期和系列化,且具有较大的发展空间。虽然,政府能否对讲座进行专项拨款主要取决于地方财政和经济状况,但也与地方政府对讲座的认可和重视程度有较大关系,反映出讲座工作在当地文化事业中的重要地位,以及对城市文化塑造的重要意义。

(2)图书馆公用经费(非专项经费)

目前,我国只有少量公共图书馆讲座经费是由政府专项下拨的,大部分讲座资金主要来源于图书馆本身的公用经费。由于图书馆本身专业经费普遍短缺,讲座在经费开支上经常会捉襟见肘,这样就不利于讲座工作的开展和长远发展。因此,策划组织者要合理安排和规划讲座经费,节省开支,提高工作效率,尽量以最小的代价获得较好的效益。同时,吸引社会企业和单位的共同参与,引起政府的重视。争取政府的大力支持是顺利开展讲座工作的重要方法,这需要图书馆在策划、宣传、公关环节上提高意识,加大力度。

2. 社会资助

公益讲座由于其公益性、文化性、名人效应和持续性,近年来得到企业、商家的青睐,这些企业纷纷主动表示愿意为图书馆提供赞助,成为合作伙伴。在目前讲座活动经费紧缺,讲座成本日益高涨的困境下,图书馆走合作化道路,得到社会多方的资助,是克服资金困难的一种有效方法。

佛山市图书馆近年来在这方面作了有效的尝试和探索。经过努力,"南风讲坛"目前已与多个政府部门和企业单位建立了良好的合作关系,有效提升了参与企业的社会形象,达到了文化传播与广告投放的双赢效果。2008 年,佛山市图书馆与广东移动公司佛山分公司签订了合作协议,该公司以合作伙伴的方式支持"南风讲坛",每年赞助"大众讲坛"资金 20 万元,赞助"精英讲座"每场 5 万元。企业的资金支持为"南风讲座"注入了强大动力,使"南风讲坛"在更高的起点上谱写新的篇章。

3.分摊费用

分摊费用主要用于流动讲座。因流动讲座是将同一讲题和主讲人在多个地区和单位进行循环流动,举办方一定是多家单位,而讲座的费用如主讲人的往返旅费和住宿费等就可以由多家单位分摊负担,这样不仅能大大降低讲座成本,还能使讲座资源多次得到利用。佛山市图书馆、佛山市南海区图书馆和中山市图书馆因地缘相近,经常性地相互进行讲座流动,互利互惠,不仅实现了资源共享,还有效分担了经费压力。

(二)经费预算的方法

讲座支出经费预算的方法有普通预算和特殊预算两种方法。普通预算一般用于日常普通讲座的基本项目的经费预算;特殊预算则用于个别重要讲座,如精品讲座和移动讲座等所有项目(包括基本项目和变动项目)的经费预算,即特殊预算包含普通预算。

1.普通预算

讲座的普通预算项目主要包括:(1)主讲人讲酬,一般要根据不同档次设定不同的标准,并确定最高准线;(2)主讲人接待费用,包括往返旅费、住宿费、餐费、汽车燃油费等;(3)场地使用费用(主要为电费、材料损耗费、茶水费等);(4)阵地宣传品制作费(包括宣传招贴、标题横额、纪念卡片、书签等)。讲座的固定预算适用于一般日常讲座。

2.特殊预算

讲座的特殊预算包括普通预算与变动预算两部分。其中变动预算的项目主要包括:(1)特殊讲酬(对于重量级主讲人,其讲酬可高出一般讲酬的最高准线);(2)主讲人游览、参观费(对于重要主讲人安排的游览和参观景点门票等);(3)住宿费(除一般接待日程外的住宿费);(4)餐费(除一般接待日程外的餐饮费);(5)汽车燃油费(除往返机场、车站、酒店接送外的燃油费);(6)媒体宣传费用(对于重要讲座须邀请媒体协助报道);(7)场地租赁费(对于移动讲座有时需要对外租赁场地）；(8)场地布置费用（对于重要讲座要对讲座现场进行特殊布置）；(9)赠予主讲人的礼品、纪念品费用（对于贵宾级的主讲人，图书馆要在讲座结束后向其赠予礼品或纪念品）；(10)联动活动费用（对于特殊讲座可开展相应的联动活动，包括展览、游戏等）。

特殊预算就普通预算而言，其优点在于能够适应不同讲座的变化，扩大预算的范围，更好地发挥经费预算的控制作用，避免在实际情况发生变化时，对预算作频繁的修改。

第三章　图书馆公益讲座的组织

公益讲座的组织就是要把讲座策划中规定的工作执行起来,最终达到讲座需要实现的目标。"想"(即策划)和"做"(即执行)之间因为时间与空间的异位,容易产生差距。只有二者互动,才能把活动做得更加完善。执行工作并不完全在活动当日,还有前期筹备及落实工作。

总体来看,公益讲座的组织需要协调的部门多,遇到的疑难问题多,细微事务多。图书馆公益讲座的组织开展,是多种多样并且灵活多变的。刻意追求套路的安排,并对其中的要素锱铢必较,只会套牢组织者的思维,不利于讲座的发展。各地公共图书馆在举办公益讲座活动过程中所体现出的共性,才是讲座组织者应当重视并研究的内容。

第一节　主讲人聘请

一、与主讲人的沟通

在选定主讲人后,组织者应当尽早与主讲人进行沟通。一个成功的讲座需要认真的筹备,不仅组织者需要完善的安排,还需要主讲人对话题有充分的准备。一般情况下,与主讲人的沟通应当放在讲座开展前的一季度或者一个月。

沟通与交流是一个双选的过程。组织者通过与主讲人的沟通,确定该主讲人是否合适;主讲人通过组织者的介绍,确定是否应邀。只有双方达成合意,主讲人聘请的环节才能算真正"确定"。因此,在沟通与交流的过程中,组织者需要谨慎选择并通过自身努力最大限度地争取主讲人的支持。

（一）沟通的方式

沟通与交流的途径多种多样，包括直接拜访、电话联系、投寄邀请函、即时通讯工具、电子邮件等。组织者可以根据自己掌握的信息，选择恰当的交流方式。在沟通中，组织者除了态度上要不卑不亢，还得有水平，包括自身的文化积淀和对人情世故的洞察。这也是对组织者自身素质的要求。

（二）沟通的内容

1.向主讲人推介图书馆及公益讲座

（1）表明来意

在与主讲人搭建起对话平台之前，主讲人往往会对组织者的背景、来意产生疑问。因而，负责联系的组织者应当有充分的准备，保证自己能有效地对所在图书馆及讲座进行介绍。

佛山市图书馆"南风讲坛"在与主讲人进行沟通时，会以电子邮件、传真或正式邀请函等方式，向主讲人列明联系人的身份，佛山市图书馆、讲坛的介绍以及与主讲人联系的目的等详细内容。通过诚实有礼，详细深入的介绍，取得主讲人信任和支持。

（2）讲座情况

负责联系的组织者还应当对讲座开展的情况相当熟悉，包括邀请主讲人开讲的时间、听众群结构、听众喜好等。通过沟通，让主讲人了解这些细节，做到心中有数。

2.对讲座涉及话题的探讨

沟通的过程中，组织者可以就讲座所指向的话题与主讲人进行交流，以考察主讲人对此话题的敏感度。

尽管负责联系的组织者并不是讲座的演讲者，但往往要承担向主讲人阐明讲座意图、邀请主讲人参与讲座环节设计、参与讲座内容安排、讲座宣传文稿撰写等工作。这依然需要组织者对讲座话题有所了解，甚至有一定程度的钻研。通过网络、书籍、杂志、报纸等多种途径，组织者应当占有多维的资料，信息越翔实、越丰富，准备越充分，组织者也就越有可能在选定主题的范围内在其"深度"和"广度"上做文章。

(三)沟通的技巧

良好的沟通技巧可以让联系人在短时间内给主讲人留下良好的印象,这不仅是沟通与交流的良好开端,更是影响主讲人对图书馆以及图书馆公益讲座印象的关键。与主讲人沟通的过程中,组织者应当做到以下要点:

1. 平等的语境

沟通与交流需要平等的语境。这种平等的语境是在组织者与主讲人在彼此平等的基础上建立起来的信赖感。在沟通与交流的过程中,联系人要保持谨慎有礼的态度,站在主讲人的角度设身处地地谈问题,取得主讲人的信任,从积极的、主动的角度去启发主讲人、鼓励主讲人,往往会帮助主讲人提高自信心并接受组织者的意见。切勿以领导的口吻,以教训人的口气,指点主讲人应该怎样做;切勿为了引起主讲人注意,卖弄学识,刻意找几个理由,去和主讲人辩论;更不能把主讲人置于不同意、不愿做的地位,然后再去批驳他、劝说他,强迫主讲人接受其观点……这些做法显然会破坏彼此的信赖感,进而破坏彼此平等的交流平台。

2. 有效的聆听

人际关系大师赖斯吉布林说:"聆听的关键在于专注,当你在聆听时,要向对方说出的话就关乎你的成败得失。"聆听并不是保持沉默,而是仔细听主讲人说了什么、没说什么,以及真正的含义。聆听主讲人,不仅用耳朵,还包括眼睛、头脑和心灵。当面对面地与主讲人进行沟通时,要懂得用专注的眼神看着主讲人,以表示你对主讲人的尊重、赞同或欣赏,并显示出对主讲人的想法感兴趣。聆听的同时,还要思考该说什么、如何响应对方的谈话,或思考接下来的话题。

3. 稳定的情绪

人是情绪化的动物,无论是联系人或者主讲人都是一样。沟通与交流除了是信息的传递,还包括了情绪的传递。在实际操作中,讲座所涉及的琐碎问题非常多,并且变数多、变化快,往往会导致组织者情绪的变化。这种变化绝对不能带到与主讲人的交流过程中。这样做的结果只会使讲座的邀请失败,还会给对方造成不好的印象。另外,在与主讲人沟通的过程中,往往也会出现意见不合的情况,作为讲座的代表,组织者需要在沟通与交流中保持稳定的情绪。组织者如果把消极的情绪带到工作中,带进交流中,沟通的过程往往会因此而导致负面的结果。主讲人的邀请是一项很艰难的工作,它涉及人与人之间的关系。对于吸引力并不大的公共图书馆,一旦人际关系破裂,将难以修补。如果组织者不能迅速调整自己的情绪,那么,就很可能被负面的影响打倒,从而导致沟通与交流的失败。

4. 准确的表达

在沟通与交流中,要说服主讲人,组织者需要有准确的表达。准确的表达不仅包括组织者能言简意赅地表达自己的内容,还包括组织者在用语上的推敲。

5. 真实的承诺

承诺的关键是完成承诺,组织者要给主讲人一定的保证,保证组织者的话具备可靠的真实性,保证主讲人所提出的要求得到满意答复,保证主讲人的应约不存在任何风险。在承诺时切记,不能许下做不到的承诺。

沟通需要长期,交流也需要多次。每一次话题都会因时而变,因人而异。在聘请过程中,往往仅凭一次邀请很难打动主讲人,也很难在短时间内把所有的事情都定下来。沟通与交流是一个渐进的过程,需要以联系人为代表的组织者与主讲人之间相互吸引,互相磨合。

二、主讲人的聘请

(一)聘请的形式

选定主讲人后,组织者应当向主讲人发出正式的邀请。聘请主讲人的形式包括口头邀请和书面邀请。

1. 口头邀请

目前,大多数公共图书馆公益讲座都会采取口头邀请的形式聘请主讲人。这种形式比较灵活,并且不受地域的影响。组织者可当面亦可通过电话等通讯工具向主讲人发出讲座的邀请,并确定主讲时间、地点、讲题、内容、行程等。尽管口头邀请同样代表一定的承诺,但缺乏文字记载,这种邀请方式容易产生变数,甚至误解。当任何一方出现讲座内容不清晰而影响讲座开展的状况,则难辨谁是谁非。因而,口头承诺之外,若情况允许,组织者还应当向主讲人发出书面的邀请。

2. 书面邀请

(1)邀请函

一份正式的书面邀请应当列明讲座的重点信息,包括:主讲人、主讲时间、地点、内容、行程等细节。另外,正文还可列明对主讲人的希望、组织者的责任、报酬等。在邀请函的结尾,为了以示正式,还应当署上发文单位名称或单位领导的姓名、职务,并署上发文日期,情况许可还应加盖公章或电子公章。

在通讯科技日新月异的今日,组织者向主讲人发出书面邀请,除了当面递交、邮件外,电子邮件也是一种不错的选择。佛山市图书馆"南风讲坛"、中山市图书馆"香山讲坛"、佛山市南海区图书馆"有为讲坛"多采用此种形式。电子版的邀请函列明上述讲座重点信息外,还包括主讲人演讲是站着讲还是坐着讲、主讲人是否需要何种多媒体设备辅助演讲等讲座细节。尽管这种电子邀请函不具备合同的法律效力,但作为邀请方式,是一种简单、快捷、节约成本的方式。

佛山市图书馆"南风讲坛"电子邀请函的制作比较完善,除了邀请函外,还附有讲座介绍、嘉宾备忘以及嘉宾在佛山讲学的日程安排及相关事项:

邀请函

尊敬的××先生:

素仰阁下学养深厚,著述宏富,在学界做出了令人瞩目的成就,勋业卓著,影响深远,令人景仰。鉴此,我们竭诚邀请您莅临佛山市图书馆"南风讲坛",给佛山市民奉献一场诗意而纯美的心灵盛宴。

具体有关事宜详见附件：

1."南风讲坛"简介

2."南风讲坛"主讲嘉宾备忘

3.梅先生佛山讲学日程安排及有关事项

恭颂

台安！

中共佛山市委宣传部

佛山市文广新局

佛山市图书馆

二零××年×月×日

"南风讲坛"主讲嘉宾备忘

尊敬的主讲嘉宾：

您好！非常感谢您对"南风讲坛"的支持和厚爱。对您拨冗亲临"南风讲坛"为佛山市民作精彩演讲，我们表示最热烈而诚挚的欢迎。为保证讲座工作顺利进行，圆满达到预期目标。开讲前，我们需要您配合提供以下材料，敬请不吝赐教。

1.您演讲的题目（可提供多个备选）。

2.本次演讲的内容提要（500字以内）。

3.个人简介及主要业绩、贡献（500字以内）。

4.您的人生箴言或治学格言（一句话，用于制作精美书签，献给现场听众）。

5.本人特写照片（可提供多张备选）。

6.大著的书影或其他研究成果的照片。

此外，为使讲座活动的准备工作更趋完善，我们有以下问题需与您商定，并就讲座相关流程安排向您作一简单介绍。

1.讲座流程（如有需要，可随现场情况灵活调整）：

（1）主持人开场白（5分钟）。

(2)主讲嘉宾做主题演讲(1 小时 30 分)。

(3)主讲嘉宾与听众互动交流(30 分钟)。

2.您演讲的习惯是站/坐姿?

3.是否需要准备 ppt?

4.是否有其他要求?

5.主讲嘉宾抵达目标城市时,主办方将安排专人接机/站。

再次感谢您的支持,如有未尽事宜,敬请电话联系。

恭颂

台安!

佛山市图书馆"南风讲坛"

二零××年×月×日

"南风讲坛"网址:http://www.fslib.com.cn

电子邮箱:gongyijiangzuo@163.com

联系人:××××

××先生佛山讲学日程建议及有关事项

尊敬的××先生:

非常感谢您对"南风讲坛"的支持和厚爱,为使讲座顺利进行,我们对您的行程和讲学日程作如下建议。

一、时间安排:

1.2009 年×月×日(周五)晚 8 时,佛山市图书馆"南风讲坛"。

(听众构成:佛山市民)

2.2009 年×月×日(周六)上午 10 时,佛山市石门中学

(听众构成:石门中学师生及家长)

3.2009 年×月×日(周六)晚 8 时,佛山市南海区图书馆"有为讲坛"

(该讲坛因康有为而得名,听众构成:佛山市民)

注:时间安排若有不妥,再行商定。

二、我们将在×先生于×月×日(周五)上午顺德一讲完成及午餐

后前往迎接。

三、由于听众主要集中在佛山、南海方圆约 10 公里的区域，建议演讲内容尽量不重复。

四、餐饮、住宿和差旅费用由邀请方支付。住宿标准四星级以上酒店。根据先生方便及意愿安排就近景点参观，敬请梅先生在行程议定后将航班告知，便于邀请方进行票务及行程安排。

五、讲课酬金：每场人民币×元。三场共计人民币×元。

未尽事宜，另行商定。

当否，仁盼复音。

恭颂

台安！

佛山市图书馆"南风讲坛"

二零零九年一月二十四日

（2）聘书

除了邀请函外，组织者还可以聘书的形式聘请主讲人。各地图书馆聘书的形式不尽相同。聘书可在讲座前与主讲人签订，也可在讲座后与主讲人签订。黑龙江省图书馆"龙江讲坛"的聘书别有特色，除了列明讲座的重点信息外，还附上主讲人在"龙江讲坛"演讲的照片，以留念。

（3）合同（授权书）

部分公共图书馆在向主讲人发出邀请的时候，会一并奉上讲座合同或授权书的样本。合同因其具备相当的法律效力，其格式与内容都相对邀请函要严格。武汉市图书馆"名家讲坛"在正式邀请主讲人时，会与主讲人预先签订一份合同。合同的内容除讲座的相关情况外，还列明主办方、承办方、主讲人关于讲座活动以及讲座内容使用的权限等。

授权书

为满足人民群众文化需求，推动和谐社会建设，武汉市委宣传部、武汉市文化局、武汉市社科院联合举办"名家论坛"活动,活动由武汉晚报社、长江互动传媒网、武汉教育电视台协办,武汉图书馆承办。"名家论坛"将在武汉图书馆长期开办市民喜闻乐见、雅俗共赏的大型公益性市民讲座。为使讲座内容能够更广泛地服务于群众、服务于社会,丰富基层群众的文化生活、促进国民文化素质的整体提高,繁荣有中国特色的社会主义先进文化,巩固社会主义基层文化阵地,本人同意将   年   月   日在   (地点)讲授的题为:《   》的讲座作品非独家地授予中国武汉"名家论坛"以下权利:

1. 中国武汉"名家论坛"合作单位可以对本授权书的讲座(包括主讲人讲座中播放的电子演示文档)进行前期、后续的新闻报道,讲座现场进行拍摄、网络直播(流媒体形式),后期进行讲座编辑作为数字资料保存,以流媒体形式网络播放,电视台剪辑播放,通过媒体向公众提供公益性服务。武汉图书馆可以对本授权书的讲座进行摄录、编辑和后期制作。

2. 中国武汉"名家论坛"可以在合作单位内通过计算机、投影仪等设备进行公益放映;可以以专题汇编的形式做图书出版发行。

3. 中国武汉"名家论坛"可以向文化部全国文化信息资源建设管理中心及其他资源共享图书馆提供本授权书讲座的相关资料。

授权人承诺讲座内容不侵犯他人合法权利,并符合国家有关法律法规。

本授权书的授权期限为十年。期满时,授权人若无相反意思表示,中国武汉"名家论坛"可在本授权书约定范围内继续使用。

授权人或委托人(签章):

身份证号码:

通信地址:

邮政编码:

电   话:

年   月   日

（二）聘请的后续工作

在不同的阶段，沟通与交流的侧重点有所不同。当主讲人答应赴约之后，沟通与交流的目的就发生变化了。包括双方对讲座时间、地点、讲酬回报、讲座内容的利用、主讲人的行程安排等相关细节，是在组织者与主讲人达成应约之后需要确定的内容。

1. 行程的明确

（1）行程安排

行程安排是非常谨慎的工作，组织者需要与主讲人探讨交通工具的选择、预订；住宿的安排；随行人员的安置；讲座过程中参观路线的安排等。行程安排的确定应当建立在双方平等自愿的基础上，而不能把某一方的意愿强加于他人身上。组织者应当尽量满足主讲人的合理请求，并做到细致安排，照顾周到。

（2）演讲路线安排

若主讲人需要流动到邻近城市或其他科研教育、企业单位进行演讲，组织者应当及早主动与流动点的主办单位联系并做好安排，向主讲人汇报联系及安排情况。

2. 讲题的明确

在策划阶段，组织者拟定讲座的主题。但这个主题并不一定是讲座的题目。讲题是主题的表现形式，应把讲座的主旨、内容、范围揭示出来。同时，相对于讲座内容，讲座题目一旦确定并公布就不能再调整，因而组织者与主讲人在敲定讲座题目的过程中，要深思熟虑，慎之又慎。对于讲题一般有以下要求：

（1）准确反映讲座的内容，符合其深度和广度

讲座的题目应当能如实地表达出讲座内容所涉及的学科范围、深度和研究成果等，既令人信服又顺理成章。注意避免使用太概括、太空泛的词句。如果对讲座所要阐述的对象命名不当，定义下得太笼统，或者是为了达到宣传上的某种效果而刻意夸大其辞，对讲座内容任意夸大，这样都将使听众感到很失望。准确的题目还要力求表达出讲座内容的深度和广度，在讲座题目中反映出讲座所要涉及的社会话

题、研究事物的内在本质属性,并且有所侧重地抓住听众的关注点。

(2)简明醒目,引人入胜

确定讲座题目,应力求简明、醒目,引人入胜。简明,就是文字简练、易懂。一般中文题目,以不超过20个汉字为宜。醒目,是指引人注目,能吸引听众产生非听不可的兴趣。要达到醒目,讲座的题目应当新颖到位,并且要找到合适的表达形式,把内涵挖掘出来。

新颖体现在标题不仅要有概括性,还要有艺术性。讲座题目要讲求艺术性,要运用一些文学创作的手法,使题目的表达尽量做到生动、别致、贴切和形象,构思要巧,形式要新,尽量做到不落俗套。在讲座题目的拟定过程中,有直接以简明的文字表现讲座的内容,使读者一看就知道讲座信息内涵的直接式标题;有由正题、副题两种标题组成的复合标题;还有通过提出问题来引起听众对讲座的关注,启发人们的思考,产生共鸣,揭示主题的提问式标题。这些题目形式的选择,为组织者拟定新颖的讲座题目提供了参考。

(3)正确用词,流畅易记

讲座题目由精心选择的词汇组成,一般仅为一个短语、词组或一个完整的句子。确定题目时应注意用词恰当,使用正确的专业术语,并尽可能流畅易懂,避免使用空泛和华丽的辞藻,避免错别字、俚语和已淘汰的术语。

此外,讲座题目还要做到生动形象,流畅易记。生动形象,流畅易记的讲座题目不仅易识别、易记忆、易理解,还易传播,能更好地把讲座的定位、主题、创意告诉听众,产生良好的宣传效应。但另一方面,讲座的题目和内容是统一的整体,组织者在实践中应当避免因过分追求语言和音韵美,或为了制造某种悬念,而忽略讲座主题,生搬硬套,牵强附会,因文害意,文不对题。

3.讲座内容的确定

对于讲座内容的确定,组织者不能强行要求主讲人按照自己的思路去演讲。讲座的演讲主体是主讲人,讲座要体现主讲人的思想性,就必须由主讲人来担当讲座内容敲定的主角。组织者需要在沟通的过程中,与主讲人深入探讨讲座的内容安排,并向主讲人提出有实际意义的建议和意见,让主讲人的演讲内容更充实、更吸引。

(1)从主讲人的角度出发,保证主讲人对话题驾轻就熟

组织者应当在沟通过程中,把讲座主题策划的出发点及过程、讲座要实现的目的、原创人员的思考等向主讲人作详细的介绍。并且,在多次的交流过程中,与主讲人共同探讨讲座内容的取舍以及安排。在讲座主题所涉及的范围内,筛选听众比较关注的内容,在此基础上,由主讲人在其研究领域选取合适的讲座内容并安排布局,保证主讲人对话题驾轻就熟,为主讲人对话题的发挥留有充足准备时间。

(2)从听众的角度出发,向主讲人提供演讲的建设性意见

讲座内容要吸引听众,首先要符合听众的关注点。听众往往就是对影响自己"领土"的信息要比对自己遥远的信息更加关注。在与主讲人共同探讨讲座内容的沟通过程中,组织者应当向主讲人介绍讲座主办城市文化背景、讲座听众群层次及结构、听众普遍喜好等,让主讲人把握演讲的定位。组织者还应该根据其在实践中的经验向主讲人提出大众讲坛演讲的建设性建议,如在讲座内容的安排上,先讲什么再讲什么会更恰当;在讲座中安排哪些内容会更容易抓住听众的喜好;听众会对主讲人的演讲有哪些期待等,让主讲人做到心中有数,恰当地选取容易与听众产生共鸣的内容。

4.讲座形式的设计

随着社会的发展及公益讲座的深入开展,各地公共图书馆在实践中积极探讨讲座多元化的开展形式,不断加强主讲人与听众之间的互动,取得了积极的成效。除了"一人讲"的固有模式,双人对话、多人对话以及演讲与艺术表演相结合,演讲与朗诵、演唱相结合、演讲与展览相结合等多种崭新形式被讲座组织者所采用,令听众耳目一新。现代信息技术的发展及多媒体设备运用,更是为讲座增添了活力,让讲座的内容更加多姿多彩。

丰富的讲座形式为讲座的准备提出了更高的要求。在与主讲人沟通与交流的过程当中,组织者应当就讲座形式设计的细节与主讲人

进行商榷,无论是多媒体设备使用、立式讲台与坐式讲台的选择等简单内容,还是谈话嘉宾的邀请、讲座环节的增加、流动城市的选择与安排等复杂问题,都需要明确落实。在沟通与交流中与主讲人就这些问题的解决进行商讨,不仅表示对主讲人的尊重,还能让组织者有效安排并预留时间做好准备工作,在讲座的宣传、讲座活动的组织等各方面作好部署。

5.其他细节问题

除了上述内容,沟通与交流的过程中还存在一些容易忽略的部分。如讲酬的确定。各地图书馆根据各地经济发展的不同水平以及讲座经费进行调整,并没有统一标准。

讲座内容的权属问题也是容易忽略的重要内容。讲座内容的权属问题关系到讲座资料的推广与利用,里面所涉及的知识产权问题需要与主讲人协商并达成共识。讲座组织者不能因为讲座的公益性而忽略了主讲人对讲座内容及相关内容的所有权,最后引发法律问题。如武汉市图书馆"名家论坛"在主讲人莅临讲学之前就预先拟定了关于主讲人对讲座作品推广与利用的授权书,格式标准、内容合法的授权书明确了主讲人将何时何地何内容的讲座作品非独家地授予该论坛,同时还明确了讲座举办方在讲座作品的推广与利用中的权限。组织者在与主讲人经过多次沟通交流后,最终签署授权书,自觉地为双方权利的保护提供法律保障,为讲座作品的推广与利用、讲座的可持续发展提供了法律基础。武汉市图书馆的经验为图书馆公益讲座组织者敲响知识产权保护的警钟。为了避免出现讲座后续作品利用上的诸多问题,关于讲座作品权限的讨论,应该提到沟通与交流的过程中,及早解决。

第二节　公益讲座信息的发布

作为一个城市或乡镇街道的文化中心和信息枢纽,公共图书馆通过公益讲座长期为市民提供文化盛宴。市民可以根据图书馆的讲座安排,进行自由选择。能够最大限度地吸引市民参与,是每一个图书馆公益讲座组织者所期待并一直努力实现的目标。组织相对稳定的听众群是构建公益讲座主体要素的核心。没有听众群,也就丧失了图书馆公益讲座存在的意义和价值。因而,公益讲座的开展需要宣传,也必须重视宣传。

图书馆公益讲座属于延续性的定期公益文化活动,其宣传行为不是一个短暂的突击任务,而是一项长期的经营项目。在这项经营项目中,根据公益讲座的整体与部分的关系,宣传被划分为活动品牌的整体宣传与某场讲座的特殊宣传;根据公益讲座活动进行程度,宣传又被划分成不同的阶段,例如前期宣传、活动中宣传、后期宣传等。组织者面对不同的宣传客体,在不同的阶段,采取不同的手段,以达到预期的宣传效果。

当讲座的主讲人、讲座细节都确定后,属于某场特定的公益讲座的具体工作方案就可以制定了。根据这个方案,走在活动开展之前的,应该是为公益讲座"打广告"。

一、讲座信息的整理

为了推广服务,图书馆应向公众采取积极的宣传方式,广而告之,宣传图书馆公益讲座的服务信息。

在宣传的时候往往会出现这种情况,就是组织者把知道的、能够提供的信息全部推向大众。这种自以为丰富多彩的庞杂信息,未必能产生很好的效果。信息时代的今天,人们每天所接收的信息量巨大。毫无重点,毫无逻辑的宣传不能在大众记忆中产生整体的印象,最后只能随其他零星信息一样被大众抛到脑后。宣传要到位,讲座的信息必须成为大众一天里接受的庞大信息中的亮点,让大众留下印象,留下记忆。

在开始宣传工作之前,在整理讲座信息的过程中,组织者可以转换角色,换位思考,把讲座信息资料整理与发掘的出发点定位为大众需求。组织者思考的不再是"图书馆应有何服务并期待大众光临",而是思考"大众希望知道图书馆公益讲座的哪些信息内容"。

（一）讲座信息的基本内容

1. 讲座的时间及地点

关于公益讲座的时间与地点的表述应避免花哨，力求简单、清晰、准确，避免听众因表述模糊而错过讲座。获取简单、清晰、准确的公益讲座开展时间及地点信息是读者顺利参与公益讲座的必要条件。

2. 主讲人的介绍

讲座前，对主讲人进行介绍不仅能够利用主讲人的名声吸引听众，还能拉近主讲人与听众的距离，加深听众对主讲人的印象。

对于主讲人的简介，应包括主讲人照片、学术成就、研究成果、社会影响等内容，一般来自于主讲人自己介绍以及网络、刊物、友人介绍等不同的信息源。宣传中，直接把这些信息罗列出来，显然是不切实际并且不能抓住大众的关注点。面对庞杂的主讲人信息来源，组织者需要有所取舍地梳理并整理主讲人介绍文稿。如何言简意赅地在有效范围内介绍主讲人并让读者留下印象，这是组织者需要探讨的主要问题：

（1）作为宣传重点，尤其突出主讲人在同一类型主讲人或同一领域专家学者中的特殊之处。

如，佛山市图书馆南风讲坛与南开大学合作举办了"历史风云"系列讲座，在一个月内连续邀请了孙立群、胡宝华、王晓欣、冯尔康、侯杰五位历史学院的教授莅临讲学。都是历史学家，为了在宣传中突出每一位主讲人的特点，组织者针对每一位主讲人不同的研究方向、背景及成就进行了介绍。对孙立群教授的介绍，主要针对其曾于百家讲坛讲课并深受欢迎作为切入点；对胡宝华教授的介绍则侧重在其留学日本及在中国隋唐五代史研究上的成果；对王晓欣教授的介绍主要围绕其身为中国元史研究会副秘书长，对中国元代历史有独到研究；至于冯尔康教授，则围绕着其在中国历史研究学科中的泰斗地位展开介绍；最后的侯杰教授，则将其在近代历史研究方面的突出成果作为介绍的关键。重点突出的人物介绍，让听众在讲座前对主讲人留下了深刻印象,同时,听众还能清晰地分别出每一位主讲人的不同之处,增加对讲座的兴趣。

(2)根据讲座主题的需求,突出主讲人在讲座主题所指向的领域内最杰出的成果。

例如,南开大学历史系教授侯杰老师曾先后以"盛世危言:郑观应在近代中国敲响警世钟"、"职业女性的生命历程"为题莅临佛山市图书馆"南风讲坛"讲学。针对侯杰教授两次讲座的不同侧重点,组织者在宣传时对主讲人的介绍就有所区别。前者主要突出主讲人在中国近代史研究方面的成就,介绍了主讲人在学科内的背景、学说及著作;而后者主要突出了主讲人在中国妇女工作中的研究及贡献。尽管是同一位主讲人,但听众通过不同方向的介绍,避免了因主讲人重复而带来听众的兴趣流失,还加深了听众对主讲人的了解,使听众更容易接受讲座内容。

3.讲座的内容介绍

这是听众最关注的内容。宣传中,对讲座主要内容的表达十分重要,它关系到听众对讲座的第一印象,是吸引听众的关键。听众了解讲座内容,主要从题目及内容简介两方面入手。到了宣传阶段,讲座的题目及内容基本上已经确定,不能随意改动。考虑到公益讲座的灵活性,组织者不可能把主讲人的讲座大纲甚至是演讲文稿罗列出来,讲座内容宣传文稿,并不是涵盖讲座所有内容的冗长文章,而是关于讲座并介绍讲座的文字片断。其目的非常明确:吸引人并提起兴趣。在此基础上,组织者可以从主讲人的演讲大纲,或在与主讲人沟通的过程中双方对讲座内容的共同认识,撰写简明扼要的讲座内容宣传文稿。要注意的是,如果主讲人定好了题目,但题目因用词晦涩等各种原因不够吸引,而且不愿或不便改动,组织者就应当在宣传中增添语句,作为讲座题目的阐释,让听众能更好地把握讲座题目的含义。

4.其他内容

除了以上几点外,图书馆讲座组织者往往还会根据宣传载体的选择而自由地扩充公益讲座宣传信息资料。如佛山市图书馆"南风讲坛"一直十分重视讲座前期宣传,并充分利用各种途径,在有限的空间内向大众展示丰富的讲座介绍。除了常规信息以外,佛山市图书馆还会在平面海报中加入主讲人治学名言、主讲人专著及其封面特写等内容。为了让大众对讲座主题产生兴趣并对主题的背景有一定认识,讲坛的组织者还会整理与讲座话题有关的信息,在讲座博客中刊登。由于讲座博客不受版面的限制,因而这些关于讲座主题背景的信息往往是相对深入的。此外,博客中还有主讲人相关文章刊登等。尽管这些资料不是最重要的部分,但就其引发大众对公益讲座内容兴趣、引导大众走进主题背景这些作用来讲,是有其存在的必要的。

(二)整理讲座信息的要点

1. 表述准确、清晰

对宣传中的所有文字、文稿,图书馆讲座组织者都必须字斟句酌,力求表述准确并清晰。这些文稿面向社会发布,所代表的不但是撰写人的水平,还代表着图书馆及主办单位的水平。一旦出现错误或表述含糊,不仅影响公益讲座的开展,还影响主办单位、图书馆及公益讲座在社会中的形象。做到字斟句酌,主要是体现写作人的新闻素养和职业要求。常识性错误出现是文稿撰写人的大忌,是时时刻刻需要注意、需要完全避免的。常识性错误包括错别字、语法错误、主讲人信息内容的表达错误等。作为讲座宣传人员,对于此类问题应有更高的敏感性和严谨性,杜绝此类错误发生。

2. 言简意赅

讲座信息的文字语言,要简明扼要、精炼概括。首先,要以尽可能少的语言和文字表达出讲座内容的精髓,实现有效的信息传播。其次,简明精炼的讲座信息,有助于吸引读者的注意力并迅速记忆下信息内容。第三,要尽量使用简短的句子,以防止读者因冗长语句所带来的反感。

3. 诚实守信

诚实守信,是公共图书馆日常工作必须遵守的守则,也是构建图书馆公益讲座公共关系体系必须遵守的根本原则。无论是对听众,还是面对媒体宣传；无论是对主讲人，还是面对写作组织，都要实事求是、以诚相待。既不能搞虚假的、言过其实的宣传炒作，也不能以次充好、以劣充优欺骗听众。切忌在讲座内容的宣传中过度允诺，造成听众过高的期望和可能的失落。组织者应当自觉构建起讲座赖以生存的信用体系。

此外，组织者还应当避免随意更改讲座信息的内容。读者在第一次接收到讲座信息后就会产生主观意识，并极可能不再反复关注讲座信息。若更改讲座的相关信息，尤其是时间与地点的更改，即使组织者采取积极的补救措施，也难以避免有读者因不知情而错过讲座。这不仅使开展的讲座失去部分听众源，还会在听众心里留下不好印象，怀疑讲座组织者的诚信。因此为了保证这一必要信息在读者心中的准确表述，组织者应当在发布信息前落实好时间及地点，并在信息发布之后不随意改变信息内容。

二、讲座信息发布方式多元化

图书馆如果在举办公益讲座时不注重宣传，很可能导致活动失败。随着社会的发展，信息发布方式呈多元化。特别是网络技术与传媒技术迅速发展的当前，为图书馆公益讲座提供了更多的宣传途径。公益讲座的组织者可以根据讲座的需求，选择最适合自身特点的宣传途径。

（一）自主宣传

公共图书馆依靠自身力量，选择自身固有途径对公益讲座进行宣传。这种不依靠外力的宣传称为自主宣传。

1. 平面宣传

在图书馆宣传专栏、馆刊栏目、宣传单张等方面做文章是公共图书馆在对公益讲座进行自主宣传时最常见的方法。

武汉市图书馆"名家论坛"每两个月推出一期公益讲座宣传手册。读者不仅能从中了解未来两个月图书馆公益讲座的讲题、时间安排、地点安排，还能阅读主讲人的详细介绍。上海市图书馆讲座中心印制的以公益讲座为主题的讲座通讯——《上图讲座》,内容丰富,刊中登载了未来一段时间讲座的预告、演讲者小传、已举办讲座的精彩片断、听众之声、各类讲座信息与动态、讲座志愿者活动、与演讲有关的参考文摘等。佛山市图书馆"南风讲坛"的宣传体现在图书馆业务宣传册《佛图风向标》中。《佛图风向标》每月一期,印量千册,免费派发给佛山市各主要文化服务、休闲娱乐场所、移动通信营业厅等人流密集场所,反应良好。除了包含每月讲座安排、主讲人介绍、讲座内容介绍外,刊中还刊登上月讲座中的精彩片断以及主持人与主讲人的采访对话等内容。丰富的内容,相对广阔的覆盖面,既吸引读者的同时也增强了公益讲座的宣传效果。

在宣传品的选择上,部分图书馆的公益讲座还增加了入场门票的设计与制作。如佛山市图书馆南风讲坛曾为其举办的流动讲座专门设计了入场门票,持票者从票面上可以了解讲座的有关基本信息和主讲人、讲座内容介绍。"南风讲坛"的门票制作目的在于造势,武汉市图书馆"名家论坛"门票制作的出发点则是保证听众群,提升讲座的档次。该论坛每期讲座都会在图书馆专门领票点,发放讲座门票。听众凭票入场,保证了讲座现场秩序。由于门票数量有限,往往出现一票难求的场景。这种先到先得的索票竞争,无形中也突现了讲座的稀缺性,提升了讲座的档次。

要注意的是,图书馆宣传海报、宣传单张、宣传册或其他以平面为主体的宣传途径,往往要求组织者在运用时根据公益讲座整体形象设计要求进行制作。此外,由于宣传载体空间每次固定不能随意扩充,并且一旦制成成品就不能改动,因而对宣传内容要求非常严谨,不容许有丝毫懈怠。

2. 网络宣传

如今,大多数图书馆都拥有自己的网站。利用图书馆网站发布讲座信息,也是图书馆公益讲座宣传的一个重要手段。图书馆在网站发布讲座信息,通过网络将讲座传向四面八方,不仅节约宣传成本,还能及早更新讲座信息,让大众通过网络了解未来讲座开展动态,积极参与活动。随着网络科技多元化发展,一些图书馆开通了属于图书馆公益讲座的官方博客以及官方 QQ 群等。这些以图书馆公益讲座为主要内容的网络载体,开创了公益讲座宣传的新模式。不受版面及字数的限制,这些崭新的网络载体通过对讲座话题及主讲人的深入介绍,以更丰富的内容为爱好公益讲座的听众提供了一个自由讨论、学习的平台,有效地起到了公益讲座前预热的作用,并且由于其传播范围十分广泛,在一定程度上吸引了更多希望参与公益讲座的大众的目光,为图书馆公益讲座培育稳定的听众群提供有效的载体。

3. 人际宣传

图书馆读者俱乐部的成立,为公益讲座的宣传提供了人际传播的途径。不久前,佛山市图书馆借阅部成立了佛山市图书馆读者俱乐部,并开通了三个读者俱乐部的 QQ 群。尽管俱乐部以及俱乐部联系平台不是为公益讲座而建立,但工作人员在 QQ 群内会发布每期讲座信息,依然能够吸引部分有兴趣的读者,并且这些读者会相互讨论,调动更多读者的兴趣,让更多的读者关注公益讲座活动并参与其中。读者俱乐部的资源应当为公益讲座组织者所重视并不断开发,它是图书馆公益讲座培育稳定的听众群的又一有效载体。

为了加强讲座的宣传效应,各地图书馆还为听众提供多种人性化的服务。上海图书馆讲座服务针对众多读者希望预订讲座入场门票的要求,推出了上图讲座手机短信服务。离图书馆距离较远的读者或无暇到馆领入场门票的读者可以通过发送格式化的短信至上图短信服务专号,就能获取特定场次的讲座电子入场门票。同时,这种手机短信服务还可以回答读者有关图书馆服务的一些咨询。佛山市图书馆"南风讲坛"也设有手机短信提醒的人性化服务。经过多年发展,讲坛设有专门的听众档案库。组织者在讲座前都会根据档案库的资料,为听众群发送讲座信息的短信。听众接受这些短信完全是免费的。

(二)社会合作

仅靠图书馆自己组织听众,能力有限。公共图书馆是一个社会触角极为广泛的社会文化机构,有着与社会各界联合协作的得天独厚的条件与优势。公益讲座的组织者应当通过积极主动的联系,把这些条件与优势在公益讲座宣传推广的过程中充分地利用起来。

1. 媒体合作

当今社会,媒体有着越来越重要以至不可或缺的作用。这种在大众生活中充当着传播信息作用的载体,极大程度上缩短了人与人之间的距离,让大众的认知得以同步,凝聚人的力量。图书馆公益讲座作为一项新的服务项目,刚起步时许多市民对讲座认识不深,参与热情不高,这就需要对市民进行引导和宣传。从各地公共图书馆公益讲座开展的情况来看,大多数公益讲座组织者与当地媒体保持着良好的关系,这些媒体除了传统的报业、广播、电视媒体外,还有网络媒体。

上海图书馆讲座中心通过广播电台对每期的公益讲座进行预告,起到了很好的宣传效果。此外,他们还利用当地新闻媒体,从不同角度对各类讲座进行专题报道,这对于上海图书馆讲座扩大社会影响,提升知名度起了积极的作用。绍兴市图书馆在绍兴市委宣传部、绍兴市文化广播电视新闻出版局的支持下,与绍兴日报社、绍兴广电总台达成了长期合作的协议,为讲座工作的开展提供了更大的便利。倘若经费允许,还可以尝试与媒体签约进行宣传。首都图书馆"首图讲坛"通过与北京日报、北京晚报、新京报、北京青少年报等媒体签约,加大宣传力度,扩大讲坛影响力。

除了与报纸、电台、数字电视、电视台等媒体进行合作外,佛山市图书馆"南风讲坛"积极拓展与媒体的合作渠道,与佛山市最受欢迎的C2000网站(http://www.c2000.cn)以及佛山在线(http://www.fsonline.com.cn)进行合作,除了发布每期讲座公告外,还及时上传讲座新闻稿,扩大了讲座的宣传范围,增强了讲座的宣传力度。

2. 政府部门及社会各行业的联合协作

公共图书馆作为社会触角极为广泛的社会文化机构,与政府部门及社会各界有着千丝万缕的关系,频密地与政府部门及社会各行业进行联合协作开展社会公益活动。其中,也包括图书馆的公益讲座。这种联合协作包括两方面:

（1）联合主办

讲座组织者可以通过合作把听众组织的工作转嫁给合作单位,同时在提升讲座实力的基础上,加强自身宣传。

上海市图书馆讲座中心与上海市人大合作举办"市民与法"讲座,与上海世博局合作举办"世博讲坛"等,利用合作单位的知名度调动媒体力量,加大宣传。

佛山市图书馆"南风讲坛"与佛山市精神文明委员会办公室合作举办的"关注党的十七大"系列讲座、"王蒙先生讲座进机关"活动。通过佛山市精神文明委员会办公室发文动员听众,最大限度地争取听众资源。此外,佛山市图书馆还联合佛山市禅城区教育局举办"关注成长"家庭教育系列讲座。通过教育局短信平台,在各学校广泛宣传,取得良好的宣传效果。

（2）邀请参与

针对讲座不同主题的关注人群,图书馆可以邀请各部门或各行业的从业人员参与公益讲座。如佛山市图书馆"南风讲坛"曾邀请著名军事评论家宋晓军教授主讲题为"从'抗震救灾'谈我国非战争军事行为"讲座,活动中,图书馆主动邀请佛山市消防大队、武警总队等有关单位参与,受到官兵战士们的欢迎。

采取与政府部门及社会各行业联合协作的方式,通过整合丰富的社会资源,进行视野开阔的广泛联合,使图书馆讲座业务的发展有了更多的切入点、着力点和发力点,同时通过合作单位帮助,在短时间内组织到大量的听众,保证了听众数量,并且通过人际传播扩大讲座的影响力。但这样的协作有其缺陷,往往当场的听众并不是全部对讲座有兴趣,于是导致会场表现各异,保证不了听众的质量。所以,在利用组织宣传之外,组织者还要配合其他宣传方式,以达到最佳效果。

第三节　公益讲座的组织工作

讲座的组织工作是公益讲座活动成败与否的中心环节。它不但包括公益讲座举办当天的组织工作,还延伸至讲座举办前后的主讲人接待以及配套活动的开展。

一、主讲人的接待

由于各地风俗习惯及具体情况的不同,主讲人的接待方式表现各异。同时,接待工作的灵活性,很难制定固定、统一的规则去照搬照套,但组织者可以在各地图书馆讲座接待工作中所体现的差异性中归纳出其共同点。这些共性所体现的要点是组织者应注意并遵守的一般规律。

(一)高素质的接待人员

公益讲座接待人员的素质体现着图书馆以及讲座团队的形象和文化,是图书馆及公益讲座形象的主要附着点。因此,讲座的接待工作中需要有高素质的接待人员。

1. 礼仪

礼仪是在人际交往中,以一定的、约定俗成的程序、方式来表示尊重对方的过程和手段。从个人修养的角度来看,礼仪可以说是一个人内在修养和素质的外在表现。从单位的角度来说,可以塑造单位形象,提高服务对象的满意度和美誉度,并最终达到提升单位服务效益的目的。尽管在主讲人的接待过程中,不必要效仿国际化企业的高标准礼仪要求,但为了在主讲人心中留下美好的印象,应根据"敬人、自律、适度、真诚"四点原则与主讲人进行交流:一是敬人,时刻保持谦虚的心态;二是自律,在交往过程中克己、慎重、自我约束,不妄自尊大;三是适度,适度得体,掌握分寸,不能过分有礼让人产生距离感,也不能吊儿郎当,甚至傲慢无礼;四是真诚,诚心诚意,以诚待人,不逢场作戏、言行不一。

2. 仪表

好的印象离不开个人的仪容仪表。接待人员应当在生活及日常接待工作中自觉养成良好的个人卫生习惯,保证个人仪容整洁。

在服饰方面,对于接待人员来说,不但要与自己的具体条件相适应,还必须时刻注意客观环境、场合对人的着装要求。一般来讲应自然得体,协调大方,切忌奇装异服或过于随便。作为接待人员,是代表一个团队去完成任务,应注重着装形象,给主讲人留下良好印象。

3. 言谈

言谈作为一门艺术,也是接待礼仪的一个重要组成部分。在与主讲人交流的过程当中,接待人员要代人以礼,尊重他人,做到态度诚恳、亲切、专注。在与主讲人交谈时,不要打听涉及对方隐私的内容,如年龄、婚姻、收入等。同主讲人交谈,最好选择喜闻乐道的话题,如体育比赛、文艺演出、电影电视、风景名胜、旅游度假、烹饪小吃等,这类话题使人轻松愉快,能受到普遍欢迎。如果主讲人主动谈起接待人员不熟悉的话题,应该洗耳恭听,认真请教,不能不懂装懂,更不要主动同主讲人谈论自己一知半解的话题。

(二)热情周到的迎接

为了避免因交通堵塞或其他因素而导致的延误,外地主讲人一般会选择提前到达讲座举办的城市。作为邀请方的图书馆公益讲座组织者应当以热情有礼、周到细致的态度做好迎客工作。

组织者应事先准备好合适的交通工具及住宿处。在主讲人到达当天,组织者应派遣负责接待的人员迎接主讲人。若主讲人为首次莅临讲学,接待人员应当在出发前先行备有贵宾的照片。为方便寻找客人,接待人员还应事先制作接应牌。依据主讲人搭乘的飞机班次、列车号等,预先电话查询出发及到达情况。准确掌握主讲人到达时间,并在主讲人抵达前到达约定地点,不能让主讲人等候甚至空等。

接到主讲人,应表示欢迎、问候,并向主讲人作自我介绍。在到达目的地途中,接待人员应主动与主讲人寒暄,解除主讲人的拘谨、紧张,并向主讲人介绍有关活动的情况,如背景资料、筹备过程,日程安排等。也可以与主讲人作轻松、愉快的谈话,如介绍本地风光、最近建设情况等。

到达住宿地后,接待人员应帮主讲人办理住宿手续,并向主讲人介绍该住处的设施、服务等方面情况,询问主讲人的要求。

主讲人安置后,接待人员不宜久留,尽快让主讲人休息并约好下次见面的时间、方法等。

(三)"衣食住行"的妥善安排

接待工作也蕴含着艺术的想象。接待人员应该有这种思考:如何让主讲人对图书馆、对公益讲座留下良好印象。以此为出发点。要获得主讲人的好评,必须使主讲人在参与图书馆公益讲座活动的整个过程身心愉快。因此,活动期间组织者应当对主讲人"衣食住行"进行妥善安排,以期待主讲人的满意。

组织者应在主讲人出发前,根据本地气候变化情况,为主讲人的出行提供建设性意见,提醒主讲人携带适当衣服,以防止因气候变化而带来的不便。

因为个人喜好、风俗习惯、身体状况、宗教信仰、文化背景等自身因素的差别,主讲人往往会对饮食有特殊要求。接待人员在接待主讲人时,应事先了解主讲人的喜好,为主讲人安排合适的膳食。

接待人员在安排主讲人住处时,应根据主讲人的身份或其个人要求,确定地点。接待人员还应对安排的住处有所了解,保证住宿环境卫生、安静、方便、服务周全,为主讲人提供一个良好的休息环境。

接待人员应根据讲座开展的时间安排及主讲人停留的时间,妥善合理地制定主讲人的行程。对于计划到周边地区进行流动讲座的,接待人员应该做好与各地主办单位之间的衔接工作,避免因交接不当而延误或影响主讲人的行程。

(四)宣传当地文化

利用讲座的空闲时间,讲座组织者可以安排主讲人参观当地城市特色风貌、名胜古迹,参与当地文化活动,以宣传本地城市发展及文化特色。佛山市南风讲坛组织者在接待过程中,安排了一些代表本地文化特色的名胜古迹作为主讲人参观对象,如佛山古窑南风古灶、佛山祖庙等,同时还邀请主讲人参观图书馆的特色馆藏。组织者细致的安排、详细生动的介绍让主讲人从不同的切入点,了解了佛山传统文化以及佛山在城市发展中的步伐,受到了主讲人的欢迎,给主讲人留下了深刻的印象。南开大学孙立群教授通过参观佛山市图书馆特色家谱馆藏，为佛山市图书馆古籍阅览室的工作人员带来了研究性的建议和意见；而南开大学胡宝华教授，因参观佛山祖庙与佛山市博物馆的工作人员结缘，并提供了自己对祖庙海外宣传方面的宝贵意见。通过这些安排，讲座的组织者在当地文化的宣传以及当地发展建设中，发挥了积极的作用。

纵观上述各点，接待工作无论哪一方面，其成功的秘诀都在于细心。接待中每一个细微的动作都体现着公益讲座组织者对公益讲座事业细致谨慎、力求完美的态度。

二、现场安排

在公益讲座正式开始之前，讲座现场的安排是重要环节。现场安排的落实包括现场布置的完善及工作人员安排的合理。现场安排是否得当直接影响公益讲座的成败。

（一）现场布置

1. 设施设备完善到位

由于各地公共图书自身情况不同，举办公益讲座的场地要求各异。无论场地安排如何，组织者应当尽量做到设施设备完善到位。

佛山市图书馆采用扇形开放式报告厅作为讲座举办场地。报告厅设固定坐席 380 个。为使演讲效果更佳完善，报告厅还为"南风讲坛"活动特意设有追光灯、投影等设备，报告厅放映室设有完善的录像、录音设备，保证讲座活动的顺利开展及讲座资料的有效保存。

黑龙江省图书馆新馆总建筑面积达 33 000 平方米，现代化的报告厅作为"龙江讲坛"的主要场所，建筑面积有 700 多平方米，坐席 350 个。会场设计为扇形开放式，可根据需要临时摆设座椅。灯光、音响设施达到了国内一流水平，拥有同声传译设备、无线上网功能、电子显示屏幕等。

2. 加强讲座形象识别功能

各地图书馆举办公益讲座，都希望突出讲座的品牌。现场布置是一个不可多得的自我宣传的大好机会。

各地图书馆在公益讲座现场布置的方式、方法上不尽相同。即使是同一公益讲座也会根据举办地点或情况需要而选择不同的现场布置方法。但可以肯定的一点是,在任何一个公益讲座的现场布置中,都能感受到组织者的品牌意识:通过对公益讲座的名称或标志的强调,让听众在讲座中对公益讲座本身留下深刻印象。

现场背景是体现讲座品牌的重要载体,不同图书馆公益讲座采用的背景方式各有不同,如背投电子屏幕、传统喷画,采用支架拼凑或图形搭配搭建立体背景,还有不设专门背景而利用横幅突出主题等各种形式。如:武汉市图书馆"名家讲坛"选择传统喷画作为背景。背景喷画以蓝色为底色。底色之上镶嵌着具有立体效果的以灰色、白色、蓝色为主色的"名家讲坛"标志及文字,主体突出,主题鲜明。佛山市图书馆"南风讲坛"采用的传统喷画背景则把讲坛的宗旨"重铸书香社会,共建精神家园"讲坛的标志作为中心主体。此外,南风讲坛还会在某些讲座中利用投影屏幕作为背景。背投电子屏幕的利用在一定程度上减轻了公益讲座现场布置的费用。通过电脑制作 PPT、JPG图片、FLASH 动画等,利用投影屏幕作为背景,可达到内容吸引、灵活多变、丰富多彩的视觉效果;利用支架拼凑搭建立体背景一般为户外公益讲座所利用,考虑到现场感,立体的背景确实能够让单调的舞台显得活跃。佛山市图书馆"南风讲坛"在举办场外的讲座中就采取了这种模式。面对深度、宽度、长度都比较大的专业表演舞台,采用传统喷画背景或投影屏幕显然不合适。选择利用多个立体平面的搭配与方位摆设,在视觉效果上缩小舞台,把听众的视线锁定在组织者预期的舞台中心区域。这样不仅有利于突出主讲人,也让舞台不再空洞而显得紧凑有活力。

各种各样的讲台布置形式随着讲台艺术的发展,会有更多的创新。但无论采用什么样的方式,图书馆公益讲座形象的文字或标志都应该作为宣传的主体。此外,为了加深听众对公益讲座的印象,组织者还可以在现场布置的其他细节处突出公益讲座的品牌,如在主讲人的演讲台、麦克风装饰等方面加入公益讲座标志或能突现公益讲座品牌的元素。组织者需要让听众在最直观的视觉途径中对讲座留下深刻印象，并通过重复出现加深这种印象。这是公益讲座活动自身宣传的需要，同时也是构建公益讲座这一长期公益文化活动品牌的需要。

3. 根据需求布置场地

在讲台的整体布置方面，组织者应当根据讲座形式或主讲人进行不同的布置。例如，主讲人需要站着讲，则应在讲台中心区域的黄金分割点上设置立式演讲台；主讲人需要坐着则在舞台正中设置坐式演讲台；如果讲座采用先讲后谈话的形式，还要根据谈话嘉宾的人数，在讲台上分出演讲区域和谈话区域，分别布置。对于公益讲座现场的布置其实并不需要繁复的装饰，以免喧宾夺主，应力求简洁、清新、高雅、具有人文气息。因此，往往简单的小装饰，如桌花、小摆设、座牌等就能让现场看起来美观、亲切。

4. 保证讲座场地干净美观

一个洁净美观的听讲环境，能让听众在舒适的环境中享受图书馆提供的文化服务，得到文化消遣。组织者在讲座开始前，应当对场地进行清洁，保证整个场所的洁净、美观。

5. 消除所有安全隐患

在讲座场地布置的过程中，组织者应当对场地及其附近的设施进行检查，避免各种可能出现的安全隐患问题。

6. 检查讲座设备，保证设施正常运作

讲座过程中，主讲人需要使用不同的辅助设备，包括灯光音响、麦克风装置等常设设备，以及 PPT 投影、音像播放设备等非常用装置。组织者应当根据主讲人以及讲座环节的要求，在每次的讲座开讲前细致检查讲座所需设备是否落实，并且确认设备能否正常运行，以避免讲座正式开讲后因设备故障而带来的尴尬场面。

组织者应尽量提前获取主讲人讲座需要的演示文稿或其他音像文件，提前测试，以防止讲座中出现文件不能使用的情况。

组织者在设备准备及检查的过程中，应当做好两手准备，以应变突然出现的故障,避免出现失误。

（二）人员安排

讲座活动的开展,涉及很多细节工作。它们贯穿整场讲座。"细节决定成败",为避免在细节工作中出现失误,需要组织者对工作人员进行明确分工、有效安排,落实责任负责制度,并做到良性沟通与协调。开展工作时,要做到"难事有人想,大事有人做,小事有人补",防止出现管理漏洞。

此外,风险管理措施的到位也不容忽视。对于公益讲座的组织,有很多操作中的风险因素,诸如交通堵塞、设备故障、人员缺席、天气反常、不可抗力、负面新闻等,这些都应该在讲座组织前有所考虑和准备。

三、主持人工作要点

在公益讲座的现场,除了主讲人外,最令人瞩目的角色莫过于公益讲座的主持人。在图书馆的公益讲座的起步阶段,对主持人的要求并不太高。主持人根据讲座固有模式完成任务。随着样式的新鲜感逐渐消退,听众对公益讲座内涵的要求日益提高。公益讲座在不断摸索不断发展的过程中,实现了形式及内容的不断创新,对主持人的工作提出了新的要求。

（一）讲座前的准备工作

出色的主持人不仅拥有一定的知识修养,还需要在讲座前做好充分的准备工作。一般来说,公益讲座的成功和前期的策划是分不开的。主持人作为公益讲座的中心人物,是策划方案的执行者也是把关者,这就要求主持人在前期就参与讲座的策划和构思。主持人仅仅在讲座开展阶段出现,容易导致主持人对讲座的主题、目标一知半解。如果缺乏充足的准备时间,主持人无法真正成为公益讲座的组织者与驾驭者。主持人从参与策划的一刻起就应当对讲座的话题展开全面的了解,尽量提升自己在把握主题方面的知识修养。没有充分的案头准备,没有知识的原始积累,无论是开场、点评还是提问,不仅容易出现偏题的嫌疑,往往还是肤浅的。主持人的无知、无聊甚至偏离主线的发言,使主持人失去调动气氛、引导主讲人与听众进行交流的作用。主讲人、听众也会因此而打击原本应该高涨的谈话兴趣。没有准备的主持也往往是发散型的,东一榔头西一棒子,没有重点。既不能抛砖引玉,引发大家对话题的兴趣,也不能在话题的最后引导大家留下深刻的思考,这些都不利于公益讲座的长期发展。

(二)讲座中的主持工作

在讲座现场,主持人必须注意每一个环节上的主持技巧,形成自己的主持风格。

1. 讲座的开始阶段

在开场阶段,主持人一般会以一段开场白切入讲座主题,通过介绍主讲人,邀请主讲人进行演讲。这段时间应大概控制在五分钟以内,以免影响主讲人演讲。开场时间虽短,但关系到能否为讲座带来良好的开端。在这一阶段,主持人应注意以下几点:

(1)给听众创造良好的心境

主持人作为主讲人与听众沟通的桥梁,应该刻意为听众创造一个良好的心境。主持人要通过营造平等语境,唤起主讲人和听众的正常交流情绪,从而形成一个轻松、融洽、自由的讲座现场。公益讲座追求的是思维活跃、轻松的气氛,但是在讲座之始,讲台上的主讲人与讲台下的听众很难一下就进入开放的接受状态,主持人只有以真诚打动观众,才能缓解主讲人和听众的紧张感进而形成亲近感。

(2)为听众留下美好的印象

主持人作为公益讲座最先出场的人物,给听众的第一印象非常重要。如果主持人的形象首先不能被大多数听众所接受,那么,对讲座活动的接受就会打折扣。对主持人的第一印象包括对主持人仪容仪表的印象、谈吐举止的印象以及主持人内在素养的印象。主持人第一印象能否为听众所接受,将直接影响文化活动的未来发展。

2. 讲座进行的全过程

在讲座进行中,主持人并不是空闲的。主持人既要留意主讲人的进展和表现，顾及听众的反应，把握讲课的重点和精彩之处，还要根据现场情况的变化，比如讲座内容偏题、讲座内容过于专业导致听众无法理解、演讲过于表面不够深度等，通过提问发言、传递纸条或其他方式，及时告知主讲人信息，以对讲座进行调整。讲座进行的整个过程当中，对主持人有以下要求：

（1）体现独立思考的内在素养

主持人仅仅追求技巧、个性、情感等表面因素是远远不能满足热心听众需求的。图书馆公益讲座需要主持人具有良好的内在素养。这种内在素养不仅包括主持人健全的知识结构，还呼唤一种发自内心的对世界的理性思考。理性的力量需要原始知识的积累，而全面的知识结构及丰富的阅历则是实现理性思考的前提。缺乏独立思考、少有个性特点的讲座主持人，除了"知识积累、文化底蕴"不足外，另一个重要原因是理性思考的缺失。讲座主持人独到的见解，新颖而不落俗套的主持风格来自于深刻的哲理思想和理性精神。

实践中，讲座并不需要以广播节目主持人的标准来要求讲座的主持人，而对主持人现场的精神状态、音质效果等细节过多要求。对讲座的现场交流是否表现出主持人独到的见解，采访提问是否到位等内容的不甚关心，是一种缺乏理性思考的浅薄，也是讲座主持人长期以来由于讲座流程所限而形成的一种思维定势。一些讲座主持人讲座前只是把拟好的稿子简单地"拼装"一下，而对其内容很少或者几乎不作深入思考，上台开个场，结束结个尾就了事。图书馆公益讲座所呼唤的人文精神，贯穿于公益讲座创作的全过程。主持人作为这个过程的牵线者，人文精神不仅体现于主持人外在的表现形式，更深刻地蕴涵于主持人的内在修养中。外在与内涵的完美结合，才能体现出主持人的气质、修养并最终形成自己独具魅力的主持风格。

（2）"画龙点睛"

主持人切入主题的开场白、饱含独到见解的讲座点评、机智敏捷又富含深度的与主讲人及听众的交流能够为公益讲座起到画龙点睛的作用。"画龙点睛"不仅包括了主持人在发言时表现出的对讲座的独到理解,还应当包括主持人说出主讲人不能说的话,而这些话语往往对主讲人的演讲起着重要作用。比如在主讲人的介绍中,主讲人不可能自卖自夸。对主讲人一些过人成绩的关注,经主持人的点拨反而显得更自然,更容易让听众所接受;又比如鉴于主讲人的身份,一些话主讲人不方便说,这就要求主持人根据现场的需要对这一部分进行表述。

(3)对现场的有效掌控

即兴交流是公益讲座的重要魅力所在。这种交流体现在主讲人与听众代表的授与收、问与答之间。即使公益讲座的开展模式多种多样并且越发新鲜,但这种交流只会更多。另外,由于讲座现场活动具有很多的不可预知性,面对现场的一些意外情况,主持人的应变能力至关重要,直接影响到讲座的质量。讲座中,主持人通过对现场的控制,不但要充分展现个人和主讲人的魅力,还要为场外的观众带来"现场感",增加他们的参与意识。

讲座需要反应快捷并能够对现场调控采取有效措施的主持人,并能在现场调动气氛、提高主讲人演讲热情、增强听众听讲兴趣、加强主讲人与听众的沟通与交流、宣传图书馆等方面做出积极的表现,尤其在讲课后主讲人与听众的互动阶段。

互动中,现场的气氛应该轻松活跃,主持人既要及时将话筒传递到提问听众手中,还要用心聆听并理解听众提问,必要时要复述给主讲人。当讲座内容有一定深度时,主持人还应当根据内容准备问题,布置提问人员,引导听众深入进去。当现场提问并不热烈的情况下,主持人就要恰当地客串几句话,应对可能出现或将要出现的"冷场"情况。如果讲座内容涉及敏感问题,还要注意把握现场气氛,使听众反应不致激烈。

无论是开场、交流还是总结,主持人都应当摆正自己与主讲人、观众的关系,切勿窜位。如果缺乏清醒的角色意识,主持人的先声夺人、喧宾夺主,会在淡化主讲人的同时也淡化观众、淡化自己。具有协调和统观场面的能力,是主持人应该具备的重要能力。

四、讲座中其他活动的开展

图书馆公益讲座作为图书馆读者服务的重要内容,组织者一直致力于服务内容、服务技术、服务方式的创新。这种创新不仅引发了公益讲座本身主体活动的变革,还以公益讲座为核心,促进了一系列其他活动的发展。图书馆利用讲座这一读者服务平台,延伸和拓展图书馆的读者工作,通过签名售书、读者沙龙、巡回展览、媒体采访等多种讲座配套活动的开展,不断推动讲座的发展。

（一）签名售书

图书馆携手图书出版商、代理商或销售商共同开展讲座活动,往往会选择在讲座前后举行签名售书的活动。佛山市图书馆南风讲坛曾邀请著名军事评论员马鼎盛先生到馆讲座。活动中,讲坛组织者联系了当地新华书店在讲座后举办马鼎盛先生系列著作的签售会,受到了佛山市民的欢迎。签售活动为讲座聚集人气,增加讲座影响力的同时还起到了一定的宣传作用。这不仅是对主办方、讲座的宣传,对主讲人也起到了很好的宣传作用。主讲人对这种宣传自己学说与著作的活动是认同的,也是欢迎的。

讲座组织者通过与图书出版商、代理商、销售商的合作,可以在举办讲座的同时实现双方的共赢。

（二）读者沙龙与读书会

讲座是在讲座主办方和听众的互动中逐步发展的。为了使讲座发挥出更大的作用,组织者通过举办一系列主讲人与读者面对面的读者沙龙活动,在增强主讲人与听众互动的同时,为讲座活动带来更多的延续性。

成都图书馆依托自身的综合优势,以读友会的形式,建立了"阳光读友会"这一集读书交流、文化学习、信息沟通、人际交往等活动为一体的综合平台。由热心听众组成的"阳光读友会",作为该馆公益讲座的延伸活动,努力培育和扩大讲座基础听众群,有效地扩大了讲座的功能和影响。

（三）巡回展览

配合讲座而开展的展览活动，为讲座增添了活力，为听众提供了更多元化的服务，从视觉上，形象地反映讲座所涉及内容的真实情况，让听众在讲座中更容易进入听讲状态，接受主讲人的演讲内容。

配合北京历史文化科普讲座的开展，首都图书馆利用丰富的地方文献资源，推出一系列图片展览，如："往日京华"、"情天恨海圆明园"、"辉煌北京成就展"、"中秋民俗展"、"科学的足迹——北京城市生活百年回顾展"、"北京之门——老车站展"等。这些展览制作精美、内容丰富、图文并茂、雅俗共赏，因而具有很强的影响力，在社会上引发强烈反响，很多媒体积极热情地报道了展览的盛况。此外，该馆的系列讲座还走出图书馆，在京城各单位巡展，得到了社会的肯定。

（四）读者兴趣活动

各地图书馆积极开展配合讲座的读者兴趣活动，为讲座服务拓展开辟了一个新的领域。上海图书馆在利用公益讲座平台开拓崭新业务方面为讲座组织者带来了鲜活例子。近年来，上海图书馆讲座中心率先启动讲座与朗诵艺术结合的形式，实现内容的创新。通过举办大型诗歌朗诵会、举办传统诗文诵读班、举办朗诵艺术培训班、组建朗诵艺术团、举办诗歌朗诵演唱会等方式，拓展了讲座的内容和听众的眼光，使讲座发展之路越走越宽，越走越广，为现代都市市民提高文化生活的品质搭建了平台。此外，上海图书馆讲座部还利用暑期尝试进行了面向广大青少年的古诗文诵读活动，受到了广大读者包括青少年读者和家长的热烈欢迎，在一定程度上满足了广大读者不断增长的文化需求。

（五）推荐阅读

一般来讲，讲座的主讲人都是某一学科、某一领域的专家、权威。他们在塑造人生观与世界观、培养阅读情趣等方面都有其独到看法。热爱阅读的专家莅临讲学，为图书馆读者服务的拓展带来了丰富资源。主讲专家推荐阅读活动的开展，就是图书馆在开发讲座主讲人资源的过程中，衍生出来的新颖活动。

佛山市图书馆"南风讲坛"以"阅读"为切入点主办系列讲座,并深入开展了主讲专家推荐阅读活动。活动中,南开大学商学院柯平教授在讲座后,为佛山市民开列书单。他以市民大众的角度出发,从赏析阅读、深入阅读、反复阅读三个层次,层层深入地向市民推荐了古今中外的三十六部必读书籍,受到广大读者的欢迎。

(六)媒体互动

各地图书馆在加强与媒体合作的过程中,开拓了讲座的延伸服务。温州市图书馆利用本地文化讲座组织上的优势,在讲座配套活动的形式上进行突破。除了与媒体联手在电台、电视台、报纸上进行讲座活动的预告,还以同一主题在电台、电视台,由讲座的主持人做嘉宾谈话节目。节目以主讲人的叙述为主,穿插观众的热线电话,扩大了讲座的影响力与覆盖面。

各种各样的公益讲座配套活动正在各地图书馆如火如荼地开展着。在各地图书馆的努力下,讲座活动必然会朝着更多元化的方向发展,同时图书馆可以利用公益讲座这一平台,延伸和拓展其他读者服务工作,从而促进图书馆整体服务水平和服务效益的提高。

五、应急处理

(一)讲座延迟

在活动中,由于主讲人迟到、听众入场人数不足或设备准备未完成等情况的出现,讲座需要延迟开始。组织者应当通过主持人,采取相应补救措施,必要时还应告知听众相关情况。

若讲座期间配合还有其他读者活动,比如售书、展览等活动,组织者可以邀请听众先参与活动以拖延时间。

此外,组织者还可以准备宣传图书馆及其业务、宣传讲坛;与主讲人及话题相关联的视频、音频、VCR 或者节目以备使用。国家图书馆"国图讲坛"、长春市图书馆"城市热读"系列讲座、佛山市图书馆"南风讲坛"、中山市图书馆"香山讲坛"等讲坛,都备有讲座宣传短片,在讲座开始前向听众播放。这些举措不仅起到了良好的宣传效果,加深听众对讲坛的认知感,还成为讲座需延迟开始时有效的补救形式。

（二）讲座延期

由于特殊原因,讲座延期举办的情况时有出现。而这种情况的出现有可能发生在讲座举办前,也可能是讲座举办当天。

1.若延期的原因在于主讲人缺席,组织者可把握以下要点：

（1）重新确定主讲人

组织者在主讲人选择的过程中,应留有候选名单。当选定的主讲人不能赴约,组织者应赶紧联系其他主讲人,重新确定主讲人。

（2）更换演讲主题

倘若重新确定主讲人存在较高风险,组织者还可以更换演讲主题,邀请其他主讲人演讲其他话题。

（3）更改活动形式

若情况非常突然,组织者并无足够时间重新确定主讲人,还可以选择播放电子视频讲座以应急,或直接取消讲座。

2.若延期的原因在于组织者自身,组织者除把握上述要点外,还应当立即联系主讲人,告知情况,并再约时间,另行举办。

3.及时更新讲座信息

无论采用何种应急处理的方式,组织者都应当考虑到听众的知情权及情绪。当讲座信息发生变更,组织者应第一时间通过出告示、通告或群发短信等可能使用的途径告知听众讲座变更的消息。若时间允许,组织者还应当联系相应的宣传单位,进行讲座信息的更新,并说明讲座更改的情况。倘若在讲座开始前几分钟才得知主讲人不能按时赴约,组织者应通过主持人向听众说明情况以致歉,并告知活动的处理方式。

（三）灾害处理

作为大型群众性活动,公益讲座是复杂的人、机、环境系统工程,影响安全的不安全状态和不安全行为因素繁多复杂。近年来,各地公共图书馆公益讲座频次增加,规模增大,参与人数增多,活动时间增长,随之而来的是活动风险增大,安全问题突出,因此,对其灾害预警及处理工作应当是一项长期经营的项目。

1. 建立风险评估体系

公益讲座的组织管理是一个庞大的人、机、环境系统工程,各部分紧密联系相互影响。对活动的日常安全防范周密,有章可循,才能大大降低发生突发事件的可能性,这就需要开展活动的风险评估工作。

"通过对风险源的识别和风险水平的评估,确定现有预防措施是否充分,根据评估结果进行风险控制,通过持续反馈和更新来不断降低风险,这就是风险评估的主要内容"。从活动类型、活动规模、场所容量、场地设计、人员的危险行为(如滋事,携带危险物品)、酒类物品的销售、人流疏导的管理和危险品的储存等方面尽可能寻找危险有害因素。想要穷尽活动中隐含的所有风险是非常困难的,但是如果在活动最初阶段就进行风险识别,就会为安全管理打下基础。风险识别是一个持续开展的过程,直至活动结束才算完结。

佛山市图书馆在公益讲座等文化活动的开展中,有一套相应的风险评估体系。图书馆设立相应岗位的相关负责人和责任人,对活动开展进行风险识别,也就是公益文化活动的安全责任系统。此外,图书馆还邀请相关专家参与,对活动进行小规模"预演"、"头脑风暴法"、基于历史上发生过的同类事故进行分析等。对于每一个识别出来的风险源,通过评估危险发生的可能性和严重性来确定其风险。风险评估要对潜在风险进行深入且又现实的分析,要针对活动的风险承受力和控制力来进行分析,将危险有害因素按照风险等级进行排序,并将焦点放在关键问题上。一旦确定了风险,就需要确认现有的预防措施是否充分,还需要增加哪些措施来降低该风险。

2. 采取安全管理措施

经过风险评估,活动可能存在着某些不可接受的风险,此时,在举办前必须进行风险控制,而不能把这些风险留到活动举办过程中。风险控制最有效的也是最重要的方法就是持续有效的日常安全管理工作。

（1）通用的安全管理措施

加强有针对性的现场隐患排查和安全检查工作,对活动临时搭建建筑物进行安全生产检查,进一步地进行火灾隐患排查;利用信息共享平台,准确获取预报信息,做好情报交流共享,及时进行预测预警;确保大型活动举办过程中具有可靠有效的广播宣传系统;完善大型活动场所设备设施的安全操作规程;做好活动场所附近交通路线的规划方案;活动场地内的道路、配套设施需要从系统的角度,根据安全舒适的原则进行布局,充分考虑人员疏散的要求,确定合理的场地布局,清晰的疏散标志,能够有效地分散人流,避免局部拥堵和瓶颈;在易发生拥挤踩踏的重点部位,增加工作人员进行疏导,特别加强对弱势群体的辅助和引导;利用信息与安防技术做好活动的安全监控工作,包括:对活动人群安全容量的预测与预警;对活动场馆的安全预警;对非法入侵人员的监控监测;对火灾事故的预警和对危险化学品的监控等。

（2）完善安全责任岗位

在实施风险控制和安全管理措施过程中,需要落实活动安全工作方案和安全责任制度,只有完善的安全责任岗位制度,才能保障每项措施有效的实施。此外,组织者还应加强对工作人员的专项安全知识培训,配备必要的个人防护设备,对工作人员进行基本急救技能或者紧急情况处理方面的训练。只有平时加强安全宣传、教育与培训,应对突发事件时才能沉着冷静,积极响应,开展自救互救。

3. 应急管理

尽管对活动开展了风险评估且逐渐完善日常安全管理,但突发事件仍时有发生。作为大型活动,公益讲座的安全影响因素多,人为的不安全行为尚无法完全消除,还有一些至今人们所未能掌握和预防的未知事故致因,而且有些突发事件还能演化、衍生、转化和耦合,形成其他突发事件。这就要求在开展风险评估和日常安全管理工作的同时,还必须专门建立活动的应急体系,把若干精力投入在应对突发事件的应急准备、响应、处置和救援上,保障在突发事件发生后能快速集

107

成资源,迅速疏散人群,及时有效控制和处理突发事件。

(1)应急准备与应急处置

大型活动的安全管理是一个循环的、螺旋式改进的过程,突发事件的应急准备必须落实到整个安全管理过程中。

预警是应急管理的一个重要环节,大型活动突发事件的预警要求建立畅通的信息沟通机制,以便活动现场人员早发现早报告,做好保安人员的分布和安防系统的布点工作。资源管理是应急准备的又一项重要内容,在资源管理中需要考虑灭火桶等资源的合理布局和有效调度等,预先把数量恰当和种类合理的资源放置在合适的地方,对于有效应对突发事件是至关重要的。

突发事件一旦发生,需要及时启动相关预警设施,立即进入应急处置与救援阶段。这就要求组织者或者安全保卫人员对事件产生的各种影响进行整理分析,对事件未来的发展趋势进行预测,做出相应的应急决策。值得注意的是,有些突发事件可能是原先所未能遇见和预料的类型,这时就需要生成快速预案进行应急处置。准确把握最佳的响应时间,是有效应对突发事件的关键,应急延迟势必导致人员伤害和财产损失的增大,甚至导致应急失败、事故升级。

(2)人流管控与应急疏散

大型活动的最大特点也是安全要点就是人群短暂性的高密度聚集,一旦发生突发事件,最重要的问题之一就是如何在尽快的时间内把人群安全地疏散出去。因此,应急疏散是大型群众性活动应急管理的重点研究内容。

大型活动整个场所及部分关键部位的人员容量问题是活动安全的一个重要指标。需要开展大型活动中的人流预测和人员最大安全容量预警工作。根据活动场地布局特点和人员疏散的要求,对大型活动中人员流动在时间和空间上加以系统的引导和控制,为大量临时聚集的人流提供多种模式的交通方式,平衡各个时间段和各个区域人流的分布,让整个大型活动期间的人流更加有序和安全。一旦人员容量超过大型活动的整体或局部硬件环境的支持能力和管理指挥的承受能力,将会产生高风险。活动场所人员最大安全容量与活动的硬件设施、指挥决策、管理队伍有很大的关系。因此,科学合理地规定活动的人员容量,实行分级预警管理,是保证大型活动安全、顺利举办的前提条件。

突发事件发生的"第一响应者"在紧急疏散过程中,具有组织和疏导人流的责任。在紧急疏散过程中,应使用有效的通讯广播系统,缩短人员反应时间,把有用的信息及时地传递给人群。在应急情况下,疏散通道、疏散出口、必经通道等关键部位的通行能力必须保障。

第四节　公益讲座的后续工作

一、讲座资料的整理、保存与利用

（一）讲座资料的整理

讲座组织者通过摄影、录像、录音等各种方式,为讲座留下资料。为了使讲座资料的内容得到有效的保存以及充分的利用,组织者在讲座后应当尽快对讲座资料进行整理。讲座资料的整理,应包括以下几个方面:

1. 文字资料整理

组织者在讲座后应当及时对讲座进行文字整理。这类资料整理可以通过对主讲人的演讲稿或演讲大纲以及现场录音、录像资料进行整理,实现文字化。

在整理文字过程中,资料人员应当保持谨慎、认真的态度,切忌遗漏词语、句子,尤其是重要的语句,更不要按照自己的意思去改变主讲人的原意。讲座中的废话、口头禅应省略,尽量保证语句的通顺。

对于一些内容模糊或难以识别的资料,整理人员可以再次联系主讲人,尽量征求主讲人提供相关文字资料,以便保证文字的准确率。资料整理后,应将文稿发给主讲人,征求主讲人的意见,或在主讲人同意的情况下,邀请主讲人对文稿进行修改。

在黑龙江省图书馆"龙江讲坛"与主讲人共同签署的合作合同中,

明确了主讲人对讲座文字资料整理的义务。每场讲座中,组织者都会安排速记。讲座后,组织者根据速记文稿、讲座录音进行修改,最后提请主讲人进行确认并修改。一些主讲人在修改过程中,还会适当增加在讲座现场中讲述不够明确或遗漏的一些问题,这对讲坛资料整理以及文稿出版工作,是一大益处。

2. 图像化处理

随着多媒体技术的发展,主讲人利用影音视频播放等多媒体手段,让讲座内容更加充实。而在创新中讲座涌现出的群众喜闻乐见的丰富形式,也让讲座的内容多姿多彩。这些创新对讲座资料的整理提出了新的要求。传统的文字整理已经无法还原讲座的本来面目,并且讲座中的一些精彩部分,如视频、音频的播放,也无法被文字所表现。因此,通过崭新的多媒体技术,资料整理人员需要对讲座进行图像化处理。

大多数公共图书馆对讲座都会进行录像工作,这有效地保存了讲座的资料。然而整理过程到此为止显然是不够的。组织者所要实现的对讲座图像化处理,应该做到能让尚未接触过讲座的听众,通过整理后的多媒体文件,犹如置身于讲座现场听讲,对讲座内容有清晰的掌握。这就要求组织者不仅仅对讲座进行简单的录像,还要求通过添加主讲人视频、音频文件或 PowerPoint 演示等多媒体演示文件,对录像进行深度加工。要达到这样的要求,讲座团队内必须有多媒体制作的专业人才,同时还要求图书馆提供相应设备。另外,主讲人提供的多媒体资料的效果,也会影响整理的效果。武汉图书馆名家讲坛利用其团队对多媒体技术的熟练掌握以及丰富的多媒体资源,对每期讲座进行了精细的图像整理,把主讲人在讲座中播放的影音资料、演示文稿等多媒体资料融入其中,编制出优秀的讲座视频资料,实现了讲座资源的二次或多次使用。

上海图书馆讲座中心、长春图书馆"城市热读"公益讲座、首都图书馆"首图讲坛"等制作的讲座视频资料,以其制作精良,拍摄手法精细,内容充实生动,在讲座业内及社会上享有盛名。通过这些讲座视频资料的利用与推广,实现了讲座资源的社会共享。这些例子反映了,尽管在操作中存在困难,但对讲座图像资料深度整理的追求,是有其价值的。整理出来的讲座资料,刻录成 VCD、DVD 等视频格式后,即可随意使用,对讲座资料的利用,讲座推广与宣传及其他延续性活动有着极大的积极作用。

3. 讲座其他资料的整理

除了上述两种对讲座内容自身资料的整理外,组织者还需要对讲座其他资料进行整理。这些资料包括:讲座策划、讲座工作台本、讲座人员安排表、主讲人行程安排表等工作资料;知识产权协议书等重要文件;宣传画册、宣传单、门票、海报等宣传资料;主讲人对讲座的题词或赠书、签名本等留念资料;社会媒体对讲座的报道、对主讲人的采访、讲座照片等新闻资料等。这些资料都应当注意印刷文本和电子档案的保存。尽管这些资料并不都具备二次利用的功能,但作为体现工作进程的资料,具备备案价值,为讲座的发展提供经验性材料。另外,对于主讲人馈赠的书籍以及主讲人为讲座或图书馆的题词,也是图书馆珍贵馆藏的重要组成部分。

(二)讲座资料的归档

为了便于讲座资料的利用,组织者可将整理齐全的讲座资料进行有效归档。对于讲座资料的归档问题,应当属于档案学所涉及知识范畴。这里不再对归档方法展开阐述,只明确归档过程中,讲座组织者需要注意的细节问题:

1. 讲座档案的制作

各地公共图书馆根据其公益讲座情况的不同,制作富有特色的讲座档案。

首都图书馆"首图讲坛"、黑龙江省图书馆"龙江讲坛"、长春市图书馆"城市热读"系列讲座的档案制作相对丰富,除策划书、主讲人文稿、讲座照片及视频、主讲人题词、主讲人赠书、读者意见调查表等一般资料性文件外,还另行制作每场讲座专属的档案。档案内容都非常精要,包括讲座主题、时间、地点、主讲人及其简介、对象、形式、目的、实施状况说明、小结等。

黑龙江省图书馆"龙江讲坛"在档案制作中还增加了每一场讲座中，热心听众对讲座、主讲人的反馈意见。另外，"龙江讲坛"还为每一场讲座的媒体报道建立了专门的"剪报"档案。这些资料的收集，丰富了公益讲座资料保存的内涵与价值，为组织者对工作开展的总结提供了可靠的资料。

2. 建立属于讲座的档案库存区域

各公共图书馆一般都有其独立的档案库房，但未必都为讲座划分专属区域。讲座的所有资料并未作为一个整体进行归档储存，而是根据资料的材质、数量、时间、内容等，分开保存，这并不利于讲座资料的有效保存，也缺乏系统性。这些本身具备联系的资料，被放在不同的区域，查阅起来并不方便，更有可能就在整理过程中因与其他内容缺乏联系而被遗失。因此，根据整理档案的原则，图书馆应当为讲座建立专属的档案存储区域，保持讲座资料之间有机的历史联系，充分利用原有的整理基础，以便于讲座资料的保管和利用。

3. 根据讲座举办的时间顺序，有效保存讲座资料

图书馆在讲座资料归档过程中往往会采用以讲座举办的时间顺序为依据进行整理。此外，部分图书馆还以学科分类与时间顺序相结合、讲座系列与时间顺序相合、主讲人与时间顺序相结合等多种依据为整理线索。无论是采用哪种形式，只要能够有效保存资料，并在需要的时候以最简单的方式即可获得，都应当为组织者所采纳并利用。

组织者除了以时间、系列或主讲人等为单位，为讲座制作整体目录外，还应当为每一场讲座制作具体的档案登记表。在登记表中，应当明确记载讲座题目、时间、地点、主讲人、讲座资料的类别、讲座资料摆放位置等具体信息，以便于日后查阅。

对于刻成光盘或制作成录像带、录音带的讲座资料，组织者应当在其表面重要位置，不影响播放的情况下，标明讲座时间、题目以及主讲人等相关信息，以便日后引用时，能追究资料的来源、背景。

在整个归档过程中,组织者应当按照归档工作的具体要求,认真细致地处理好讲座资料的保存工作,统一规格,标明出处。可以将同样主题的有关资料编定成册,并加以编号,用于检索。为了避免记载讲座资料的光盘、录像带、录音带因时间或气候的变化而无法利用,组织者还应当对资料进行有效的备份工作并按时检查资料保存的情况,以防讲座资料的丢失。在归档工作完成后,组织者还要对资料的外借进行有效登记,避免有借无还的情况,保证资料的完整性。

4.建立专家档案库

随着越来越多的专家学者参与公益讲座的活动,各地公共图书馆根据实际情况,为莅临讲学的主讲人建立了专家档案库。佛山市图书馆"南风讲坛"经过多年的经营,建立起了南风讲坛主讲人档案库。档案中有每一位主讲人在当地演讲的讲座信息,主讲人的详细介绍、联系方式、著作等内容。通过档案库的建立,"南风讲坛"不仅加强了与各主讲人之间的联系,为主讲人的回访以及再次邀请提供条件,还实现了与各地讲坛之间关于主讲人资源的有效共享。当然,这种共享的前提是征得主讲人同意。讲座组织者有义务对包括主讲人联系方式在内的个人信息进行保密。此外,通过档案库中主讲人的牵线,南风讲坛得到了更多的主讲人邀请途径,吸引更多的主讲人莅临讲学,不断扩充档案库的数量。上海市图书馆"上图讲坛"经过27年的发展,建立起以22位客座教授为核心的数百名讲师资源网络,涵盖了上海市各大科研院所、高校以及政府部门的专家学者和社会名人,确保了上海图书馆的讲座在各个领域都能发出权威的声音,保证了讲座的权威性。

(三)讲座资料的利用

讲座是一个瞬时的学习形式。组织者通过对讲座资料的整理,把主讲人的真知灼见凝固和保存其中。通过现场演讲、电视转播、网上发布、报刊转载、光盘制作等多种形式,构建一个无形的大教室,使更多的读者通过二次传播、多次传播的形式,直接或间接受文化的熏陶。

图书馆讲座不能局限于一种固定的传播方式。随着多媒体时代的来临,多媒体的传播渠道为讲座的传播提供更多途径,使知识传播的效率和效益最大化和最优化。图书馆讲座可以通过现场的直接传播,也可以把讲座内容拍摄下来在图书馆的阅览室内让读者点播进行间接的传播;可以通过现场与网络的直播,也可以把讲座的视频与音频结合起来,让读者在网上进行跨时空的点播;图书馆讲座还可以通过广播、电视、报纸等新闻媒体进行直播或二次、三次传播;讲座的内容还可以通过磁带的形式予以录音,满足视障读者收听的需求。这种立体化的讲座知识传播体现了当代知识传播形式和渠道多样化的特点,使平面化的传播向立体化方向发展,也适应了不同读者群体获取知识的不同要求和习惯。当然,这种传播必须符合国家的法律,维护网络的安全。

1. 文字性资料的利用

组织者通过对讲座进行整理,形成文字性资料。经过认真校对、主讲人修改等环节,在征得主讲人同意的情况下,组织者可将这些讲座文稿通过编辑讲座通讯类的刊物、上传网络、编辑讲座丛书等途径,广泛地传播讲座内容。

讲座专刊的编辑是一个很好的传播方式。这种专刊架起了图书馆讲座与广大听众和演讲者之间的桥梁。上海图书馆讲座中心制作的《上图讲座》讲座专刊中,读者可以了解未来一段时间讲座的预告、演讲者小传、已举办讲座的精彩片断、听众之声、各类讲座信息与动态、讲座志愿者活动、与演讲有关的参考文摘等丰富内容。佛山市图书馆南风讲坛将讲座文稿刊登在每月一期的业务宣传手册《佛图风向标》中,此外还上传到讲座博客或与报纸媒体联系,刊登在报纸杂志上。

许多图书馆还编写了讲座系列丛书。上海市图书馆讲座中心出版了"口袋式"的讲座丛书。如《二十一世纪管理模式》《WTO 与中国》《信息化:跨世纪的挑战》《经济全球化与中国之对策》《新经济、新规则与新制度》和"名家解读名著"、《人才论》等 10 多种讲座丛书,方便听众随时随地地便捷使用。其中《二十一世纪管理模式》还两次重印,深得读者喜爱。各公共图书馆通过出版讲座丛书,让广大读者通过演讲文稿再三细细地品味演讲者深邃的思想与艺术内涵,有利于讲座的可持续发展以及品牌塑造。

2. 非文字性资料的利用

除了文字性资料的利用外,讲座组织者通过制作讲座光盘、讲座录音,上传讲座视频文件等方式以及全国文化共享工程讲座信息平台,实现了讲座非文字性资料的有效利用。

(1)定点使用资源

吉林省图书馆"省图讲坛"、黑龙江省图书馆"龙江讲坛"、成都图书馆"金沙讲坛"都设有专门的文化共享工程资源中心,通过建设讲座数据库,使读者可以在中心内点击浏览相关讲座。上海图书馆还专门开辟讲座阅览室,使没有在现场听讲的读者只需凭普通阅览证就可以点播收看200多场讲座。

(2)讲座光盘制作

近年来,上海图书馆讲座中心根据单个讲座、一个主题多个讲座、一个演讲者多个讲座以及按照读者需求等形式,对讲座视频进行深加工。通过邮寄等方式,上海图书馆"上图讲坛"与各地公共图书馆实现资源共享。并以光盘为主要形式,走向文化共享工程基层中心、区县图书馆、街道乡镇、外来务工者居住区、社区文明共建联席会议成员单位、地方驻军、盲人协会、老年院、监狱、寺庙、中学等服务点。

武汉市图书馆以制作精良的讲座光盘为载体,把讲座带到了电视媒体,有效地实现了讲座内容的再传播。此外,武汉市图书馆还将这些讲座光盘进行编目,为市民提供外借服务。讲座光盘还被作为共享资源,向各地图书馆输送传播。

(3)依托网络共享

讲座要善于利用网络链接、多媒体技术、视音频等手段,尽量使内容生动直观并能在时空上进行延伸传播。为了让更多的人受益于专家们的讲座,上海图书馆利用现代网络技术开辟讲座点播服务项目,创建上图讲座网页,提供275个在线视频讲座。

作为全国文化信息资源共享工程四川中心之一的成都图书馆,将讲座信息资料放在了全国讲座信息平台上。通过征求主讲人意见,成都图书馆将讲座内容编制成影像资料,制成光盘,为广大读者提供讲座光盘的免费查询、观看等服务。

湖北省图书馆将每场讲座都进行数字化加工,形成独具特色的多媒体数字资源,并将这些数字化讲座资源放在"湖北省图书馆"和"湖北省数字文化网"网站上发布,供广大网络用户点击观看,实现了读者足不出户就能轻轻松松"听"讲座,扩大了讲座的传播途径。

图书馆在使用讲座资源时,无论是录音、拍摄、复制、网上传播、录播观看、光盘制作、印刷出版,都应注意尊重主讲人的合法权益。为了使讲座内容在更大范围内进行知识共享,为了促进讲座资源的二次与多次传播,图书馆讲座应当与主讲人在事先签订讲座的知识产权协议书,明确规定双方的权利与义务。当某一讲座光盘制作的图书馆无偿提供其他图书馆使用时,提供方和使用方必须共同遵守知识产权协议,特别是使用方不能将免费获取的讲座光盘用来作为营利的工具,从而侵犯演讲者和光盘制作方的权益。

二、主讲人的回访与听众的信息回馈

（一）主讲人的回访

1.讲座后的回访

主讲人在当地讲学,对讲学的整个过程有其个人的看法。来自主讲人的意见和建议对于讲座组织者来讲,是提高讲座质量、提升讲座组织者实际操作能力的重要信息。组织者需要在讲座后对主讲人进行适当的回访。

组织者在回访的过程中应当就讲座的开展形式、开展情况以及组织者的工作细节,与主讲人进行交流。组织者不妨把听众的回馈信息以及自己在讲座中关于主讲人演讲的看法告知主讲人,并与主讲人进行深入探讨,为主讲人对其演讲的调整提供有效信息。

2.定期的主讲人拜访

与主讲人建立联系,加深彼此之间的友谊,对于组织者来讲,是讲座可持续发展的重要环节。人与人之间的感情是需要积累的,而彼此的关系更是需要用"心"去经营,这个"心"不仅代表耐心,还代表诚心。以一种真挚的感情,真诚实意地与主讲人进行长期来往,才能建立起彼此的信任与支持。因而,组织者还需要不定期地对主讲人进行拜访。

通过直接拜访、电话联系、投寄邀请函、即时通讯工具、电子邮件等方式,组织者掌握恰当时间,选择恰当的交流方式对主讲人进行拜访。在拜访的过程中,组织者向主讲人表达感谢、节日的问候,恰当地勾起主讲人对讲学情况的回忆,加强与组织者之间的信任感。组织者不妨通过与主讲人的交流,了解主讲人的近况,包括身体状况、工作状况、在各地讲学的安排等,为再次邀请主讲人讲学提供可靠信息。值得组织者关注的是,主讲人在各地讲座的情况能为讲座组织者带来有价值的信息。经过主讲人的介绍,了解主讲人对各地讲座工作的看法,组织者不仅能够了解主讲人的喜好,还能在这些信息中得到对讲座组织工作有利的信息。

(二)听众的信息回馈

讲座以听众为本,听众对讲座的反应,为讲座的可持续发展提供可靠的信息。讲座组织者在讲座举办后应及时收集听众的回馈信息。这些回馈信息应当包括听众对讲座主题、讲座形式、主讲人演讲情况、讲座配套活动开展、听讲环境以及听众对讲座的特殊要求等方面。一般来讲,组织者可以通过以下途径收集听众的回馈信息:

1. 观察与询问

听众在参加讲座的自然状况下,会通过表情、动作、语言和行为等外在表现,对讲座本身的喜好作出反应。组织者可以通过对这些表象认真仔细的观察,了解听众参加讲座的心理状态。如果在讲座中途就已经出现了大量听众离场的状况,组织者还应当及时地了解听众离场原因,为下一次更好地举办讲座积累经验教训。

此外,组织者还可以通过增加与听众接触的机会,以适当的问题作为切入点,征询听众对讲座的看法、感受和体验。佛山市图书馆"南风讲坛"在讲座后利用电话、电子邮件、手机短信等方式与听众双向沟通,及时获取听众对讲座的印象看法,了解讲座是否达到预期效果,有针对性地采取措施吸引听众,提高听众对讲座的兴趣。

2. 读者座谈会

邀请讲座忠实听众召开座谈会,通过他们发表的意见、看法和建议中,了解听众的需求,这是听众信息回馈的有效方式。

佛山市图书馆为近距离地倾听读者的声音,深入了解读者的意见和需求,经常邀请部分热心听众召开座谈会,听取群众对南风讲坛的意见和建议。为讲座的选题策划、宣传推广和讲座形式的多元化提供了一些思路。

首都图书馆在其历史文化科普讲座开办一年之际,将讲座文稿汇编出版成书并召开了《漫步北京历史长河》出版座谈会,邀请听众代表与讲座主讲人坐到一起,各抒己见。会上,听众代表与主讲人及讲座主办方之间有了更加直接的交流,提出了大量宝贵意见,为讲座日后更好地开展工作提供了依据。

成都图书馆"金沙讲坛"善于利用"听后服务"来吸引市民。根据读者意见和建议,为便于专家和听众、读友交流,由图书馆牵头组建了由热心听众组成的"阳光读友会",努力培育和扩大基础听众群。"阳光读友会",作为该馆公益讲座的延伸,在每次讲座结束后,邀请听众与主讲人进行面对面的交流。活动中,组织者努力营造舒适的气氛,让主讲人、听众畅所欲言,谈感想、提建议。通过对讲座反馈信息及时进行统计、整理、分析,不断总结经验,积极探索讲座的完善与创新之路。

3. 问卷调查

问卷调查是被各地图书馆经常使用的一种听众调查方法。在讲座信息回馈的问卷调查中,问卷设计是关键。问卷设计的好坏,将直接决定着能否获得准确可靠的调查信息。

讲座组织者可以按照实际情况选择调查问卷的类型。一份完善的问卷调查表应能从形式和内容两个方面同时取胜：从形式上看，要求版面整齐、美观、便于阅读和作答；从内容上看，要求问题具体、表述清楚、重点突出、整体结构好，能确保问卷能完成调查任务与目的，调查问卷应该明确正确的政治方向，把握正确的舆论导向，注意对群众可能造成的影响，最后还要便于统计整理。

在确定问卷问题的内容时，应考虑每个个体的差异性，从听众的角度出发，与听众的层次联系起来，使问卷问题基本能为听众所理解并接受。

为了让听众在短时间内顺畅地完成问卷，问卷中问题的陈述应尽量简洁，避免带有双重或多重含义的问题。最好不用反义疑问句，避免否定句，并且注意避免问题的从众效应和权威效应。

作为一个联系的整体，问卷中的问题应遵循一定的排列次序。问题的排列次序会影响听众的兴趣、情绪，进而影响其合作积极性。因此，在问卷的开头部分组织者应安排比较容易的问题，这样可以给听众一种轻松、愉快的感觉，以便于他们继续答下去。中间部分安排一些核心问题，即组织者需要掌握的资料。结尾部分可以安排一些背景资料，如职业、年龄等被访听众的信息。还有一点就是注意问题的逻辑顺序。在问卷设计完成后，组织者可以通过直接采访、邮寄、附在刊内、电话访问、网上访问等多种方式进行听众的调查。

深圳南山图书馆自开办讲座以来，坚持每年对听众群体进行状况调查，从 2000 年以来，以问卷形式对听众进行调查 12 次，形成了连续的描述听众情况变化曲线的第一手资料，从而掌握了公益讲座听众群体的总体构成状况，了解了听众需求，为更好地为听众服务提供依据。

4. 网络论坛、讲座"博客"及读者"QQ 群"

随着网络技术的发展以及网络利用的普及，各种网络阵地的开发与利用，为讲座组织者进行听众调查提供了直接、简捷、有效的平台。图书馆讲座可以利用图书馆网站、政府网站、民间网站以及开通讲座的"博客"、"播客"、"QQ 群"等，与听众或其他市民进行直接对话，从中了解广大市民对讲座的看法、接受度以及各种反应，聆听听众对讲座的反馈意见。

佛山市图书馆的"南风讲坛"通过开通讲座"博客",及时上传讲座信息以及讲座整理文稿,为听众以及市民搭建了自由讨论、各抒己见的平台。此外,"南风讲坛"还通过当地的"C2000"民间网站来获取民意,作为讲座组织工作调整的重要依据。

由于网络本身的虚拟性与公开性,听众能自由发言,提出更多在当面调查中难以表达的意见与建议,发表较为深刻的讲座评论和内在需求,为讲座的组织者提供有效的参照。通过搭建更多的网络阵地,开发更多的网络途径,组织者能够与听众在更便捷、更自主的"面对面"交流的过程中,加强互相沟通,各抒己见,共同为讲座的发展出谋划策。

值得一提的是,由于网络语言的可复制性以及网络传播的快速性,组织者在网上发言时要时刻注意自己的表达,慎思慎言,以免被人抓住话柄,产生不必要的误会或事端,影响讲座及个人的形象。

5. 建立听众档案

为了加强与听众之间的联系,一些公共图书馆的讲座组织者会专门建立听众档案。当然,这种档案并不可能过于详细,但组织者依然要承担起保密私人信息的义务。

安徽省图书馆为讲座建立了专门的听众档案,与听众保持经常联系,收集听众的反馈信息,提醒听众关注图书馆包括讲座在内的各种活动。佛山市图书馆"南风讲坛"多年来也建立了听众档案,以听众自愿登记为原则,记录听众的姓名和联系电话。尽管内容简单,但作用不小。通过档案的建立,讲坛的工作人员不但可以定时向听众传达讲座及图书馆活动信息,还可以通过手机短信,对听众进行讲座回馈信息的收集。

三、讲座工作的总结

总结,是指人们对前一阶段或某个方面的工作进行回顾和分析,从中找出经验和教训,引出规律性认识,以指导今后工作和实践活动。

图书馆公益讲座从策划、宣传、现场组织，到最后的资料整理与保存，其整个过程繁琐复杂，需要协调的部门多，遭遇的疑难问题多，细微事务多。组织者会面对许许多多突如其来的困难，并在解决困难的过程中掌握越来越多的经验。这些细节都是值得回顾与分析的，并且具有相当价值。当然，组织者并不非要针对每一场讲座进行总结，除非这场讲座有极高的创新意义或出现了极大麻烦。组织者可以选择定期地进行总结，如一月一次、一季度一次等。

在总结的过程中，组织者要做到实事求是、一切从实际出发。这是总结的基本原则。通过总结，讲座团队的领导者对团队成员在工作中的良好表现予以肯定，同时总结工作中的失误及教训，以促进今后工作的不断改善。

总结时应注意对讲座中出现的问题进行共性的比较，以谋求解决问题的统一方法。这是一种能够对工作产生积极影响的总结行为。但同时不能忽略某些特殊问题的出现。求同依然要把握个性。这些个性问题包括组织者在工作中的独到发现、独到体会、新鲜角度、新颖材料，还包括主讲人对讲座活动开展的个人感受、听众对讲座提出的特殊要求等。这是总结中的又一重点。

总而言之，通过对整个讲座组织过程的记录及回忆，根据主讲人及听众的反馈信息，组织者做好讲座的总结工作。总结并不代表着结束。总结的目的就是为了工作的调整，组织者需要的是，通过实实在在地反思过失、错误、教训，针对已知不足，制定具体措施，对症下药，也可以利用成功的经验，开拓创新，再创辉煌。这才是总结所要实现的目标。一次讲座的总结也就是下一次讲座开展的起点。

第四章　打造图书馆公益讲座团队

图书馆公益讲座工作,不管有多么精彩的策划,多周密的组织,最终都需要由具有主观能动性的人来组织和实施。所以组建合理、高效的公益讲座团队是非常重要的。高效的团队建设不仅有利于更好地发挥人员的才能,而且对讲座工作的健康运行和长远发展起着至关重要的作用。

第一节　图书馆公益讲座团队的构成

一、团队的内涵

世界管理学与组织行为学领域最畅销教材的作者斯蒂芬·P·罗宾斯认为,"团队是为了实现某一目标而由相互协作的个体所组成的正式群体",这一定义突出了团队与群体不同,所有的团队都是群体,但只有正式群体才能是团队。他对团队的理解主要是团队的协作效应,也就是说,"团队是由一些具有共同信念的人为达到共同目的而组织起来的,各成员通过沟通与交流保持目标、方法、手段的高度一致,从而能够充分发挥各成员的主观能动性,运用集体智慧将整个团队的人力、物力、财力集中于某一方向,形成比原组织具有更强战斗力的工作群体"。由此可见,团队是一群人以项目或任务为导向,成员之间同心协力,用群体的智慧结合成巨大的创造力,高效地实现团队共同的目标。团队不仅强调个人的工作成果,更强调团队的整体业绩,团队所依赖的不仅是集体讨论和决策,以及信息共享和标准强化,它还强调通过成员的共同贡献,能够得到实实在在的集体成果,这个集体成果超过成员个人业绩的总和,即团队大于各部分之和。并且团队的工作方式是团队成员之间紧密结合,相互作用而协同的过程,以满足团队成员归属的需求、尊重的需求和自我实现的需求。同时,"团队的核心是共同奉献",这需要一个成员能够为之信服的目标,只有切实可行而又具有挑战意义的目标,才能激发团队的工作动力和奉献精神,为工作注入无穷无尽的能量;"团队的精髓是共同承诺",它是共同承担集体责任,没有这一承诺,团队如同一盘散沙,作出这一承诺,团队就会齐心协力,成为一个强有力的集体。

二、图书馆公益讲座团队的组成

近年来,随着我国各大图书馆的讲座活动迅速发展,公益讲座从图书馆的边缘业务成为图书馆主要业务领域拓展的一大亮点,因此,对图书馆公益讲座的管理,不能再是权宜之计,而应成为一项长期的业务建设,成立专门的讲座业务管理团队势在必行,这是保证对公益讲座业务长远统筹和健康持续发展所必需的条件。

(一)讲座团队人员的构成

根据图书馆公益讲座的策划组织和运行过程,讲座团队应由以下人员组成。

1.讲座负责人

讲座负责人作为整个讲座团队的领导人物,是决定讲座工作成效的关键人物。讲座负责人管理整个讲座工作,既是讲座工作的领导者、组织者、管理者和决策的制定者,也是讲座工作重大决策的执行者。讲座负责人对讲座实行全面领导和统一指挥,对讲座工作进行有效的计划、组织、指导和控制,确保全部工作在既定的资源和成本的约束下,按时、按质完成。

2.讲座策划人员

讲座策划人员根据讲座的定位和听众特点,在现有资源条件下,开展讲座策划工作,其中包括讲座主题、讲座内容、讲座形式和讲座主讲人的策划、设计。在策划过程中,策划人员既要体现每场讲座的个性化和创新性,又要注意保证整个讲座系统的整体性、全局性;策划的内容和形式既具有前瞻性和吸引力,也要考虑现有资源条件,做到可行性,同时保证讲座效益的实现。

3.讲座主持人

一个成功的讲座主持人,往往成为该讲座的形象代言人,在讲座团队中发挥着核心角色的作用。主持人的工作往往贯穿了整个讲座的策划、组织及具体运作等全过程。在讲座准备期间,主持人须做好与主讲人的沟通交流工作,引导主讲人按照本地听众的特点和需求准备讲稿。在讲座现场,作为活动的掌控者,对现场氛围及听众进行恰当的引导和控制。讲座结束后,通过与主讲人保持适时的联系和与听众的互动沟通,做好后续服务工作,以保证讲座的持续运作和发展。

4.讲座接待人员

讲座接待人员的工作直接影响到主讲嘉宾对讲座甚至图书馆的印象。接待服务应做到程序化、规范化,根据主讲人的个人特点,尽量采取适合其需要的个性化服务,在服务中做到热情、周到、细致。接待人员还必须掌握和了解必要的接待礼仪、礼节和民族风俗习惯,避免出现失误和尴尬。

5.讲座现场控制人员

讲座现场控制人员应根据每场讲座的具体要求,做好讲座场地的布置(包括讲座背景安放、主讲人台面布置;现场灯光、音响的安装、调试;现场摄影、录音、录像等),维护讲座现场秩序,加强安全管理,保证讲座顺利进行。

6.档案资料整理人员

在图书馆讲座的管理中,应将对讲座业务档案的知识管理放在重要的位置。要将有关讲座的照片、录像、录音、签名、主讲人的题词、新闻媒体报道的原件、读者调查表、各类活动的记录等进行保存,对于已在图书馆进行过演讲的主讲人的有关档案和资料应建立数据库,有条件的可以建立相关学科专家数据库。

7.宣传推广人员

图书馆讲座的宣传推广是图书馆讲座管理不可或缺的重要一环。讲座宣传推广人员应利用各种媒介,通过各种形式开展宣传推广工作。如通过新闻媒体、网络、手机、图书馆宣传栏和宣传手册等途径发布讲座信息预告,宣传讲座内容。设计、制作讲座 CI(包括讲座背景、讲座书签)、编制讲座通讯和参考文摘、设计与维护讲座专门网站、制作讲座各类衍生产品(如文集、光盘等)、开展讲座纪念活动、主讲人与听众的联谊会和座谈会等。

8. 讲座志愿者

图书馆讲座队伍人员有限,充分利用社会资源参与图书馆讲座工作可以更好地促进工作的开展。如上海图书馆讲座中心 2004 年成立了青年志愿者队伍,从大学生和青年白领中招募了一批志愿者,参与图书馆讲座活动的会务管理、会场摄影和主持讲座等工作。此外,该馆还利用外脑进行讲座的策划。他们每年在确定讲座总体策划的同时,都会邀请部分演讲者和听众,通过召开咨询会,为讲座的发展出谋划策。上海图书馆借助社会各方的智力共同策划,等于为图书馆增加了数以十计的讲座策划人员。

(二)讲座团队的构成

由于各个图书馆在公益讲座业务的发展上各不相同,机构设置和人员配置、分工也各有特点,可以结合各馆实际,不必强求一律。根据目前各地图书馆情况,大致可分为以下几种方式:

1. 独立运作的讲座团队。讲座工作开展时间较长,业务运作管理已较规范的图书馆,大都专门成立了讲座工作部门,如国家图书馆和上海市图书馆,分别成立了学术讲座部和讲座中心,他们的讲座团队人员配置较为齐全,分工明确,团队建设和管理较为成熟。

2. 馆内多个部门合作。目前对于很多地区图书馆,由于人员、经费等原因,还没有设立专门的讲座工作部门,而是采取由馆内多个相关部门共同参与配合完成讲座活动的策划、组织、宣传及后期资料的编辑整理,如:首都图书馆讲座策划、组织由宣传策划部负责,讲座现场布置由会展中心人员负责;长春市图书馆由馆办公室负责讲座策划和现场组织,网络部负责技术性加工制作。在这些图书馆开展讲座的策划及现场组织工作中,工作人员一般也没有明确分工,多为一人身兼数职,共同互相协调配合完成。如首都图书馆讲座由多个系列专题组成,讲座工作人员每人负责一个系列,实行一条龙工作,从前期的策划到讲座具体组织、现场主持及讲座后期资料编辑整理,其他人员予以协助配合。

3. 采取部分业务外包方式。一些图书馆将讲座的部分工作任务外包给社会的专业公司,这样既可以保证工作的专业性,又可以节约图书馆一定的人力,如将讲座现场文字记录交给速记公司,将讲座宣传制作外包给专业广告公司。

三、讲座团队的特点

(一)合理的分工与协作

讲座团队是一个异质群体,团队成员各自所拥有的知识、技术、技能、技巧、信息不同,成员具有互补性特征。团队成员在整个工作流程中各自所履行的职能不同,所扮演的角色也不同。但每个成员从事的工作都是工作流程上不可或缺的一个环节,各成员之间相互依赖紧密,任何一个成员的工作出现问题,都将影响整个团队的效率和效益。

(二)高度的凝聚力与民主气氛

团队的凝聚力是指团队成员之间互相吸引的程度、团队对其成员的吸引程度。讲座团队由于具有高度的凝聚力,在团队和工作中营造出一种"人人为我,我为人人"的氛围,使团队能做到仅凭个人力量无法完成的工作任务。

讲座团队具有广泛的信任和开放的民主气氛,成员充分发挥民主,表达各自的意见和要求、想法和观点,在确定讲座主题、制定讲座方案、组织讲座运行中,共同决策,共同分担责任。

(三)成员之间有效沟通

良好沟通是讲座团队一个必不可少的特点,讲座团队各成员间相互依存、有效沟通是保证团队协调运作的重要途径。沟通方式既可以是语言性的,也可以是非语言性的。有效沟通使各成员之间保证了工作信息传递和接受的准确性,及时解决实际工作中的难题,明确各自的责任、义务和权利,在实际工作中互相补充、互相信任,密切合作。

(四)适当授权和自主管理。

由于讲座工作内容涉及面繁多复杂,讲座团队的工作方式必须灵活、高效才能适应,因此,图书馆应授予讲座团队适当的资源和权力是非常必要的,这也是确保讲座团队高效运作的前提条件。此外,由于团队成员都在某一方面有一定的专长,工作的独立性很强,这就要求团队的领导者根据工作的要求、风险程度和性质授予团队成员相应的权力,以提高团队成员的积极性并开发自身的潜能,同时还要推动团队的自主管理,以使团队成员边干边学,这是团队目标实现、日常工作和业务学习紧密结合的好方法。

第二节　图书馆公益讲座团队成员素质要求及选择

图书馆公益讲座是一个系统工程,从定位、选题、确定主讲人、广泛宣传、组织听众及后期资料整理制作,每一环节都凝聚着讲座团队人员的智慧和知识的积淀。要建设一个好的图书馆讲座品牌,关键在于有一支各具知识领域优势的个体成员和个体较强互补的团队,这就要求图书馆讲座团队成员必须具有较高的素质和能力。

一、基本素质

讲座团队成员的基本素质是其有效开展工作、达成团队实现目标的必备基础条件。

(一)良好的思想道德素质

道德素质是人们在日常活动中对自身一些基本行为规范的修养和要求。一个社会能否和谐,很大程度上取决于全体社会成员的思想道德素质,同样,要形成和谐高效的讲座团队,首先要使每个团队成员具有良好的思想道德素质。

遵纪守法、诚实守信、团结友善的良好道德素质,对树立良好的图书馆讲座团队形象,营造和谐的工作氛围,最终形成积极向上的团队文化至关重要。

（二）爱岗敬业，具有奉献精神

敬业精神，就是人们对自己从事的职业充满爱敬和虔信，专心致志，勤勉毋懈，忠于职守并为之奋斗的思想意识和从业状态，也即爱专业、专本职的职业观。敬业精神是事业成功的基础和保证。事业有成，敬业第一。无论从事什么职业工作，只要有了这种精神，就会对自己的工作产生使命感和责任心，就会表现出为了事业尽己所能，无私忘我的积极主动性。一个人，一个团队成功的因素很多，而居于这些因素之首的就是热情，就是认真，就是敬业精神。讲座工作是一项比较辛苦的工作，需要付出很多的精力与体力，没有奉献精神，就很难做好这项工作。

（三）性格开放，富有热情

讲座人员应具有开放的性格。这里说的开放是指性格开朗而充满活力，开放指的是开放的心态和相容的心理。一方面，因为讲座人员的工作是面向社会的开放型的工作，他们在工作中要了解社会、认识社会，社会也要通过他们了解图书馆的讲座，因此讲座人员与社会要进行不停的信息交流，开放的心理有利于他们不断接受新事物、新知识、新观念，从而使工作更具有创造性。另一方面，开放使讲座人员善于宽容体谅他人，能够用幽默的语言调节气氛，缓解矛盾，消除隔阂，接纳和宽容不同性格、不同风格的人。

富有热情也是讲座人员必备的素质。讲座人员需要凭借热情去与各种人员打交道，结交朋友，以便更好地开展工作。同时兴趣广泛，富有想象力和创造力是讲座人员释放热情的前提，所以，优秀的讲座人员还要不断地培养自己的想象力和创造力并激发自己的工作兴趣。

（四）工作积极主动，服务意识强

由于图书馆讲座工作的烦琐复杂，经常需要主动及时、自发、用心地开展各项工作，而不是等待别人的催促。因此，工作积极主动是保证讲座工作顺利进行的重要因素。图书馆讲座工作核心就是向广大民众提供精神文化服务，具有良好的服务意识应该成为讲座人员一种良好的职业习惯,贯穿到具体工作中就是做好对听众的服务,对主讲人的服务,对其他团队成员工作的服务。

二、职业素质

随着图书馆公益讲座业务的不断发展,讲座工作的要求不断提高,讲座团队成员必须具备较高的职业素质,才能保证工作的顺利开展和可持续发展。

（一）较高的政治修养

图书馆讲座不仅具有宣传新思想、传播新文化、提倡新风尚等一般讲座的特性,更重要的是,它还具有更多的公益功能,更广的传播,更权威的象征意义等特征。讲座的主题内容,直接涉及主办者提倡什么,宣扬什么,否定什么的内在要求。这就要求讲座工作人员,特别是讲座的策划人员必须具有良好的政治素质和思想品德,有清醒的政治头脑和正确的人生观、世界观和价值观,能够把准时代脉搏,把握政治方向,以对党、对人民高度负责的精神和饱满的工作热情,自觉坚持正确舆论导向,唱响主旋律,用先进的思想引导广大民众,提升他们的文化道德修养,促进社会的文明进步。

讲座工作人员要担负起正确导向的重任,就要不断增强政治敏锐性,时刻保持清醒的头脑,正确引导社会热点难点问题;要对党的理论、路线、方针、政策和国家的法律法规融会贯通,客观公正、实事求是,保证讲座主题的导向正确,格调高雅,内容健康。

（二）丰厚的知识储备

在当今世界新经济、高科技的大背景下,人们的生活方式、思想观念、精神状态、行为方式都在发生巨大变化,社会生活越来越多元化,新事物层出不穷。作为图书馆讲座工作人员,特别是讲座的策划组织人员,对时代的敏感程度要求更高,对现代文化和思想前沿的知识关注要求更多,对综合知识的把握要求更广。如果没有足够多和足够新的知识储备,显然难当此重任。

根据图书馆多年来组织讲座的经验,现在相当多的讲座听众具有较高的文化素质及专业水平,他们在听讲座过程中往往带有专业需要。面对这样的听众,讲座工作人员必须具有更丰富的知识积累和更高的文化修养,这是做好讲座的立身之本。信息时代的讲座策划组织人员更应该具备强烈的求知欲,不断增加知识储备,优化知识结构。

要增加知识储备,首先要扩大知识面,重视政治理论学习,提高自己的理论水平和政策水平。其次是向实践学习,在实践中提高自己的文化素养和业务技能。要注意学习其他图书馆举办讲座的成功经验,开阔视野,在学习和实践中不断提升自己。再次,要加强学习现代技术知识,特别是跨学科、跨领域、跨行业的知识,这样才能开阔视野,拓宽思路,拓展讲座业务空间,提高讲座工作的效率和质量。

(三)较高的语言素养

语言是人们最基本的交际工具,也是人们思维的基本工具。讲座作为图书馆向大众传递信息、传播知识的活动方式,离不开语言,讲座团队人员尤其是讲座主持人的语言质量直接决定讲座的效果。因此,讲座主持人出众的语言表达能力是必要的重要素质,具体说来,主持人语言素养应具有音色悦耳和谐、语言规范标准、词句适切精要等特点。语言表达能力强的主持人,往往能够在主持讲座时随机应变,思维敏捷,在活动主持中大展风采。

(四)较高的资料编辑水平

图书馆讲座资料整理、编辑工作涉及文字编辑、图片编辑、音像编辑等,因此讲座工作人员尤其是讲座资料整理及宣传人员不但需要具备驾驭文字的能力,还需具备对图片、音频、视频等进行艺术处理的能力。这些对人员的文化素质和业务能力提出了更高的要求。讲座宣传和资料整理人员一定要有精品意识,在努力增强责任感的同时,养成一丝不苟、精益求精的工作作风,尽可能地减少和杜绝资料中的差错。

讲座资料编辑人员还应掌握一定的页面设计技术,在讲座宣传、资料编排中,将文字、图片、音频、视频、背景链接等多种样式合理搭配、优化布局,力求版面主题突出、内容丰富、品位高雅。

（五）一定的知识产权素质

在图书馆讲座的管理中，保护知识产权的管理应当予以足够的重视。从事讲座工作的人员，应该掌握我国有关保护知识产权的法律法规。一方面，要按照《中华人民共和国著作权法》充分尊重主讲人的知识产权，与主讲人签订录制、制作光盘、网上和阵地点播的许可协议；另一方面，要保护图书馆讲座自身的知识产权，如讲座品牌的注册等。

（六）较强的组织协调能力

图书馆讲座工作需要协调各方面人员，负责实施组织、控制活动的整个过程，处理应急事件等。所以要求人员必须具备较强的组织协调能力，既要协调与内部工作人员的关系，又要协调与图书馆外部人员的关系。具体说来协调工作包括调研策划、嘉宾接待、资料整理、社会赞助、仪式庆典、新闻发布等活动。

（七）较强的社会活动能力

社会活动能力是指图书馆讲座工作人员进行人际交往，广泛联络公众的能力。图书馆讲座工作涉猎的面很广，从图书馆内部而言，有图书馆管理层、行政业务管理部门、公众服务部门、系统网络管理部门、后勤保卫物业管理部门等；从图书馆的外部而言，有各类新闻媒体、有上级主管部门、有各系统行业的主讲人队伍、有广大的听众、有合作关系的各类机构和单位、有参与支持的各类企业、有兄弟图书馆等。图书馆讲座的公共关系十分重要，创造一个讲座业务发展良好的内外环境是十分重要的。因此，讲座工作人员应加强与社会公众的交往，克服各种与人交往的心理障碍，充满自信、大胆地融入公众，用人际交往的技巧和方法与公众轻松自如地交往，扩大与社会各阶层往来的范围，提高交往的效率，尽可能地在公众面前为图书馆讲座活动树立良好的形象。

（八）驾驭网络交互性的能力

交互性是网络的最大优点之一，在网络传播中，人们可以进行直接的双向交流。作为图书馆讲座工作人员，也应掌握相当的计算机知识和网络技术，具备较好的把握、引导和判别能力，利用网络的交互性,成为引导、服务、沟通讲座听众的一种有效手段。佛山市图书馆"南风讲坛"公益讲座的工作人员这几年通过在网络上设立专门网站、听众邮箱、QQ群、博客及公众论坛,发布讲座信息,开展讲座讨论,交流思想观念,营造了良好的讲坛活动氛围。

（九）快速反应和理性思维能力

讲座活动作为图书馆举办的社会活动,经常会遇到一些突发事件,如主讲人的改期,讲座当天环境条件对讲座效益的影响,讲座现场听众出现的不良言行等,对于这些状况,如果处理不好,就会影响讲座甚至图书馆的声誉和形象。因此,讲座工作人员应该具备快速反应能力和理性思维能力,及时应对,避免不良影响带来负面效应。

（十）品牌意识

从本质上讲,图书馆讲座品牌决定着图书馆讲座的地位,影响着听众的热忱和忠诚。但品牌不是天生而来的,讲座人员只有具备强烈的品牌意识,才能催生出影响广泛而又有着持久生命力的作品,而当这些作品达到一定的质和量时,讲座品牌就凸显了。包装是品牌形成过程中的重要环节,是使听众对讲座品牌逐步认知的重要载体。如佛山市图书馆"南风讲坛"通过设计制作讲座LOGO、讲座背景、宣传海报、主讲人书签、卡片等媒介,传达出图书馆讲座的文化品位和文化理念,演绎品牌内涵,塑造品牌形象。

（十一）本土化意识和个性化意识

图书馆在举办讲座中,信息资源、活动资源、情感资源都具有地域性,因此讲座人员在策划、组织讲座活动过程中,必须注意本土化、地方化,才能更好地吸引本地群众的关注。如佛山作为粤剧的发源地,为更好地宣传本地传统文化,佛山市图书馆讲座策划人员利用在2004年佛山市政府举办的"魅力佛山·2004琼花粤剧艺术节"期间,策划并具体承办了11场"粤剧知识与欣赏系列公益讲座",取得了令人满意的效果,为整个艺术节增添了一抹亮色,并为普及粤剧知识,培植粤剧的群众土壤和后备力量发挥了一定作用。

在讲座团队里,由于每个成员承担的任务和职责不同,其相应的

素质要求也就各有侧重,存在一定的差异,具体来说可由以下表格表示:

人员 素质要求	负责人	策划	主持人	接待人员	现场控制	宣传推广	资料整理、制作
思想道德素质	√	√	√	√	√	√	√
职业精神	√	√	√	√	√	√	√
政治修养	√	√	√				
品牌意识	√	√				√	
知识储备	√	√					
语言素养			√	√		√	
组织协调能力	√		√		√		
社会活动能力	√	√	√	√		√	
快速反应	√		√		√		
本土化意识和个性化意识	√	√	√			√	√
计算机、网络技术						√	√
资料编辑制作						√	√
知识产权素质	√	√					√

三、讲座团队成员的选择

根据不同的素质要求,选择合适的讲座团队成员,对于高效讲座团队的建立、维持、发展是至关重要的,只有团队成员选择的适当,团队才能够产生积极的协同作用,使团队的绩效水平远大于个体成员绩效的总和。

（一）选择原则

根据讲座工作的具体特点和讲座人员的组成结构,选择讲座团队成员时应遵循以下原则:

一是选择团队成员除了专业技能的考核外,要特别注重个人在团队中的合群表现和人格倾向。

二是要注重选择敢于创新、善于学习的人员,以发挥团队成员的应有潜能,提升团队的竞争力。

三是重视成员的合理配置。团队成员在共同的目标、兴趣和心理相容的前提下,其专业、技能、性格、资历的构成最好是异质的,这样会兼顾多种专业领域、多方面技能并具有相互关注、尊重的互补基础。

（二）选择途径

在对讲座团队成员进行选择时,必须清楚了解候选人的工作能力、特长和不足。团队成员的选择范围包括两种途径:外部招聘和内部选拔。

1. 外部招聘

外部招聘就是通过公开发布招聘信息,规定应聘人员的政治素质、业务水平和其他自身条件要求,从应聘候选人中挑选出适合讲座工作需要的人员。

2. 内部选拔

内部选拔的人员对于本单位讲座的情况已有一定的了解,有助于人员更快了解工作要求,适应岗位需要。现有许多图书馆讲座团队成员大多是从图书馆原有人员中选拔出来的。根据讲座工作的特性,可选择那些从事、参与过读者活动策划、组织,思维活跃,具有良好的职业精神,热爱阅读,热衷于公益性活动的人员,通过必要的培训和锻炼,在实践中逐渐培养。

在具体选择过程中,可以根据不同的情况采用以下方式进行:

1. 评议法。对有可能从事讲座工作的人员通过逐个评议进行选拔。评议的基础是候选人的工作经历、业绩、学习能力和性格特征等,评议既要看学历、专业,更要看实际工作能力。

2. 行动测定法。通过设计、模拟一些讲座项目的策划和实施,让选拔对象进行策划、组织与运作,从中判断其各项业务能力,进行选拔。

3. 实习法。让候选人和讲座团队成员一起工作一段时间,在这段时间里对候选人进行评价,最后决定是否录用。

4. 比赛选拔。通过在全馆举办相关内容的比赛,选拔优秀人员。如黑龙江省图书馆通过在图书馆举行演讲比赛,选拔主持人。

第三节　讲座主持人的培养与塑造

在讲座团队中,讲座主持人是主讲人与讲座听众的桥梁和纽带,对讲座现场的进程和气氛起着重要的引导作用。鉴于讲座主持人在讲座团队中的独特地位与作用,本节特就讲座主持人的策划、选择和培养作单独阐述。

一、讲座主持人的地位与作用

图书馆讲座主持人作为讲座活动的重要标识,在讲座的策划组织、品牌建设、宣传推广中占有不可替代的重要地位,扮演着日益重要的角色。

（一）讲座主持人是讲座形象的一种标志

作为讲座和听众之间的中介、桥梁,主持人本身就是讲座的一种标志。主持人以个人形象出面主持讲座,他的外在容貌、言谈举止、举手投足等都与讲座融为一体,成为讲座的最显著标志,可以说,主持人与讲座是不可分割的一个整体。

（二）主持人是讲座品牌建设的重要内容

讲座主持人是讲座品牌形象的主要体现者,也是品牌内涵的主要诠释者。可以说,一个好的讲座主持人,可以成为讲座的标志。主持人有形价值与无形价值的打造,不仅是构建讲座品牌的关键环节,也为提高讲座品牌形象,保证讲座品牌可持续发展奠定基础,实现讲座品牌核心竞争力的生成与完善。

（三）主持人的素养决定讲座传播的效果

现在，主持人作为讲座的灵魂和核心角色的地位越来越突出，主持人对每场讲座的进程和气氛都起着重要的引导作用。听众往往是在认可了讲座主持人之后，就会认可这个讲座。主持人的素养高低决定了讲座传播的效果。

二、讲座主持人的策划

（一）讲座主持人策划的内涵

讲座主持人策划就是以讲座整体定位为基准，以讲座的内容、形式、对象等为依据，以听众可能的审美期待为参照，对讲座主持人进行当下形象设计和未来形象规划的一种活动。

有别于讲座工作其他方面策划的是，讲座主持人策划是以人为研究对象、设计对象的一项工作，换言之，它是针对人的一个活动，是为了实现主持人最大价值体现的一种创意、一种思路和一种方法。比较讲座内容、形式的策划，它更强调主持人作为主体智慧的显现。

讲座主持人策划作为一种动态过程，它既要为当下的讲座寻找出最合适的主持形象，又要为主持人未来的形象走势制定规划；它既要考虑主持人的自身条件和基本素质，又要在形象包装、宣传推广以及宣传策略方面进行设计。

（二）讲座主持人策划的基本原则

1. 统一性原则

统一性原则指的是与讲座定位的统一。统一性原则要求策划活动的各个环节在内在本质上协调一致，无论是对主持人的遴选、语言样态的确定，还是体态语的设计、服饰、配件等形象包装的各个环节，都应该统筹兼顾，服从于统一的讲座活动形象，甚至图书馆的形象。

2. 契合性原则

契合性原则是指要与听众可能的审美期待相契合。作为"最直接地"引导听众与表现团队创造个性的讲座主持人,无疑是讲座良好品牌的核心创造者,主持人作为讲座活动的重要标志,一方面要服从讲座的定位要求,另一方面还要满足听众的喜好与需求。

3.协调性原则

协调性原则指的是要与主持人本身的基本条件相协调。因为受着文化背景、人生阅历、气质性格等因素的影响,每一位主持人都会带上自己本色的色彩烙印,或端庄大方,或典雅含蓄,或言语活泼,或幽默风趣。在为讲座确定主持人时,一定要考虑被选主持人的个性形象与讲座形象是否相对协调,相对贴近。只有让主持人与讲座活动相辅相成,才能达到最后的相映生辉。

三、讲座主持人的选择与打造

(一)选择标准

一个优秀的讲座主持人的外在标准应该具有个性、魅力和激情。而内在的标准是主持人要具有良好的职业敏感能力,还要具备出色的写作能力和表达能力。不论是从社会公开招聘,还是从图书馆现有人员中选拔,其标准应该是:

第一,个人形象上,具有健康向上的个人气质和积极、质朴的创作热情。

第二,社会形象上,具有强烈的社会责任感和参与感以及服务大众的服务意识。

第三,角色把握上,做到工作角色与个人角色以及社会角色的协调统一。

第四,嗓音条件上,要有"良好的麦克风声音",声音有适当的磁性、清脆,有共鸣,并且没有明显缺点。

第五,语言功力上,包括观察力、理解力、思辨力、感受力、表现力、调控力、鉴赏力等在内的较强能力。

第六,主持技巧上,良好的语言表达能力和现场沟通能力以及敏捷、机智的应变能力。

第七,工作态度上,兢兢业业的敬业精神和分工协作的团队精神。

（二）形象定位

称职的主持人是讲座吸引听众的关键因素之一,听众对讲座的忠诚度是由讲座内容和主持人培养起来的,而形象定位所要解决的问题正是如何使主持人真正称职。

在对主持人进行形象定位时,必须充分了解听众对主持人可能的审美期待,充分了解讲座在听众心目中的相对位置,努力做到:

1. 主持人外在形象与讲座的契合

对于讲座主持人,听众总会依据自身的审美经验,对首当其冲的主持人的外表特征产生出新的审美感受。因此,在进行主持人定位时,应该遵循社会公众的公共审美取向,符合大多数人的欣赏习惯,同时依据讲座的定位体现出与主持人的和谐贴合。讲座主持人的外在形象应高雅、端庄、大方、知性,具有沉稳、自信的风度,不宜穿着过分暴露和样式怪异的服装,不宜出现另类、夸张的装饰打扮。

2. 主持人言语表达方式与讲座的契合

主持人的言语表达方式必须与讲座的整体风格相匹配。考虑到大多数图书馆讲座面对的是普通大众,主持人在言语表达时应避免晦涩、难懂、离开生活的语言,那种深入浅出,语意表述确切、精辟而又亲切自然的言语表达方式更容易让广大听众接受。

3. 主持人个性气质与讲座的契合

个性是主持人的一种品质,是主持人内在修养的外在表征。气质虽是人类天生的个性品质,但它会随后天环境的改变而变化。具有独特气质的个性化主持人往往具有很强的号召力、黏合力和拉动力,因此,在讲座主持人定位时,坚持对主持人个性与气质的考量,既是讲座主持人把握工作角色与自我关系的逻辑起点,也是保证讲座成功与否的关键因素。

4. 主持人文化内涵与讲座的契合

讲座主持人并不代表其个人,作为整个讲座的标志,他应该代表着一种文化理念,代表着一种文化判断。如果一个讲座的主持人,没有一定的文化内涵,仅仅依靠讲座的策划和包装,即使能胜任一时,但在一段时间后,往往表现出内涵不深,分析能力不强,反应不快,所拥有的知识结构难以撑起整个讲座。因此主持人没有文化做支撑,是很难保持长久魅力的。图书馆讲座是以传递信息、传播知识,开展人文与科普教育为目的,它所提倡的人文精神,贯穿于讲座工作的全过程。主持人作为这个过程的牵线者,人文精神不仅体现于主持人外在的表现形式,更深刻地蕴涵于主持人的内在修养中。因此富有个性、知识渊博,具有较高文化修养的主持人,才能与图书馆讲座定位做到相辅相成,才能在讲座工作中得心应手,水到渠成。

四、讲座主持人的培养与提升

讲座主持人与讲座的契合需要时间去磨合与维护,在不断培养中提升主持人价值指数,在多方调整中完善主持人的品牌形象。

对于一个已经选定岗位的主持人,一方面要应对讲座运作的压力,另一方面还要抵御成熟期可能产生的惰性,于是压力大,消耗大,容易停留在对工作仅仅是胜任的层面。因此,注重这一阶段对主持人的培养和提升,有利于主持人品牌建立的稳健与妥帖,有利于主持人作用空间的最大实现,更有利于主持人完善自我形象,从而在个人价值上达到最大程度的增值。

(一)个性化培育

要建立讲座活动的品牌形象,打造品牌主持人,首要的一步就是主持人个性化的构建与确立。只有凝结了鲜明个性的主持人,才能产生强有力的人格魅力,才能迅速、顺畅、高效地完成从主讲人到听众的信息传导,也才能在树立品牌主持人个人形象的同时为品牌讲座的打造奠定基础。

主持人个性化的建立,既可结合主持人自身的特点,放大潜质,挖掘个性,也可借助其他辅助手段(如灯光、背景、服装、饰件、器物以及化妆、发型等),吸引听众的注意力,保持和巩固主持人的知名度。

但要提出注意的是,主持人的个性化不等同于个人化。讲座主持人在讲台上面对听众时,不是代表个人,而是代表讲座形象,代表图书馆形象。他既担负着提升听众审美品位的责任,同时又要合乎公众认可的道德标准。另外,个性化也不等于千篇一律、一成不变。虽然一个成熟的主持人,其个性化显露,是贯穿在整个主持工作,落实在每一次讲座中,但在面对不同主题、不同听众、不同主讲嘉宾时,应具备不同的言语表达样式,面对不同的外部环境、不同的时间地点、不同的事件背景而适度地变化外在造型。

(二)整体性提升

讲座主持是一项富有挑战性、需要不断创新的工作。伴随着大量经历和丰富经验的同时,讲座主持人容易借着"熟练工"的惯性,滋生出这一阶段所特有的惰性:思维陷入了固定的模式,创造力越来越枯竭,由于适应而导致的麻木、失去了应有的兴奋感和责任感。所以,无论是主持人的心理素质还是主持人的行为方式,都应该注重调整,在各方的信息反馈中完善主持人的素养和技能,以期达到主持人自我价值的最大实现值,同时延长主持人的职业生涯。

1.科学评价,凸显其内在价值

在讲座主持人评价体系中,主持人的评价渠道主要来自于三个方面:一是讲座听众的评价;二是讲座主讲人的评价;三是业内兄弟馆的评价。这些评价渠道也共同构成了一种社会舆论。这种社会舆论与主持人的内在价值可能吻合,也可能存有偏差。当社会舆论与主持人内在价值相吻合时,自然有利于主持人当下以及未来的走势与发展;但当社会舆论与主持人的内在价值存有偏差时,便容易使主持人自我膨胀,盲目任性,不仅会影响到主持人的个人事业,而且将使得整个讲座声誉受到伤害。因此,对讲座主持人进行科学、客观、全方位的分析(包括基本条件、从业经历、竞争势能、市场效益、未来走势等)十分必要。

只有在这样分析的基础上,才可能做到科学的评价,才可能使社会舆论与主持人的内在价值最大化接近,真正帮助成熟期的主持人找到新的起点,在更高一级的平台上再创新的辉煌。

2.重整资源,寻求延展与超越

作为讲座主持人,是做短跑还是长跑,是坚持下去还是另辟蹊径,这当中的选择需要重新审视自我价值,并将自身资源重新整合,分清优势与劣势所在,然后结合新的环境与需求,重新确定目标与方向,以期在原有的成就中再创佳绩。

3.不断充电,与时代同步前进

社会进步,科技发展,新知识层出不穷,新热点日新月异,作为讲座代言人,主持人担负着对听众解惑释疑的责任,倘若不能够及时充电,补充养分,是难以胜任主持人工作的。而因为对新知识、新问题缺乏了解,都可能在主持的过程中留下遗憾,从而影响主持人权威形象的建立。

第四节　图书馆公益讲座团队的管理

一、公益讲座团队的发展阶段与管理方式

目前,由于全国各地图书馆公益讲座工作开展情况的不同,各地图书馆讲座团队也呈现出不同的发展阶段,不同的阶段有着不同的管理方式。

(一)讲座团队初建阶段

讲座团队的初建阶段是团队的初创和组建阶段,是将原来图书馆个体馆员转变为专门从事讲座工作的团队成员的过程。不少图书馆在讲座开展之初,由于人员和经费等原因,讲座工作没有专门的部门,而只是在原有相关部门中增加讲座工作职能,且只有1—2人负责整个讲座的策划、组织及主持,讲座工作开展的效果依赖于个人工作热情和能力,此阶段还没有建构为真正意义上的讲座团队。

(二)讲座团队形成阶段

随着讲座工作业务的不断推进和扩大,参与讲座的工作人员逐步增加,讲座团队开始逐步形成。这一时期,每个团队成员虽有了一定

的分工,但仍以共同完成各项工作任务为主要工作模式。

(三)讲座团队规范阶段

每个团队成员所承担的职责和权限进一步明确,团队成员之间的关系基本理顺,同时,建立了一套相对固定的运作方法和工作规范,工作管理的各种制度得以改进,团队的凝聚力开始形成。

二、建立良好的讲座团队文化

(一)团队文化概述

团队文化是在团队开展工作过程中所逐步形成的,为团队成员所共有的思想、作风、价值观念和行为规范,它是一个团队所特有的信念和行为模式。团队文化涉及团队各个成员,渗透于团队的各项工作中,一般来说,团队文化主要包括以下几个方面:

1.团队精神:团队精神是团队文化的表现形式,是支撑团队生存和发展的支柱,是在工作、管理的实践活动中形成的一种行为。

2.团队的价值观:这是一个团队的基本观念和信念。它是指团队成员参照一定的依据,遵循一定的模式对团队提供的服务及社会声望和信用等总的看法。

3.团队目标:是团队文化以团队管理形式表现出来的一种观念形态文化。在实践中,团队目标作为一种意念、一种符号、一种信息传达给全体成员。

4.团队道德:团队道德是调整成员之间以及团队与成员之间关系的思想意识和行为规范的综合,是团队规章的必要补充。

5.团队制度:团队制度是团队在管理的实践活动中所发展起来的一种文化现象。它既是处理成员相互之间工作关系的规章制度、组织形式和行为准则,又是团队为实现其工作目标而要求成员共同遵守的办事规程。

6.团队礼仪:团队礼仪是团队日常已经形成习惯的一系列文化活动的总称。这些礼仪活动体现了团队对成员的期望和要求,包括团队交流和社会礼仪、工作礼仪、管理等。

（二）团队文化的作用

在一个具有文化底蕴的团队中，成员们有强烈的归属感、一体感，优秀的文化将激励团队成员努力奋斗、积极上进。团队文化在团队建设中发挥着重要的作用。主要体现在：

1. 团队文化的导向作用

团队文化作为团队成员的共同价值观念一旦形成，就产生一种思维定势，必然对成员具有强烈的感召力，这种感召力可以将成员逐步引导到团队的目标上来。当某种团队文化在整个团队内部成为一种强文化后，其对于成员的影响力也就越大，其成员的行为转变也就越发自然。

2. 团队文化的激励作用

团队文化以理解人、尊重人，合理满足团队成员各种需要为手段，以调动广大员工的工作积极性为目的。在一个"人人受到重视，个个受到尊重"价值观念的指引下，团队的每一个成员所作出的工作努力，都会得到团队管理者的赞赏和奖励，结果在团队中形成一种积极向上的组织氛围。

3. 团队文化的凝聚功能

在一个社会系统内，使个体凝聚起来的主要是一种心理力量。团队文化正是以大量微妙的方式来沟通团队内部人们的思想，使团队成员在统一的思想指导下，产生对团队目标、行为准则、工作观念等的"认同感"和作为团队成员的"使命感"。同时在团队氛围的作用下，团队成员通过自身的感受，产生对于本职工作的"自豪感"和对团队的"归属感"。

团队文化有助于增强团队系统的稳定性。它是一种黏合剂，能把整个团队聚合起来。

4. 团队文化的规范功能

在一个特定的团队文化氛围中，团队成员通过合乎特定准则的行为而受到团队管理者的承认和赞扬，从而获得心理上的平衡与满足。团队文化的规范功能是通过成员自身感受、产生认同心理而实现的，它不同于外部的强制机制,团队文化通过员工的内省,产生一种自律意识,从而遵守团队管理的各种规定。

5.团队文化的创新作用

优秀的团队文化是以人为本的文化,它强调富有创造性的人是团队发展的关键。团队管理者应努力使团队工作本身具有内在意义和更多的挑战,给团队成员一种自我实现感,创造和提供一切机会让成员参与管理是调动他们积极性和创造性的有效方法。

6.团队文化的辐射作用

团队文化综合反映了一个团队的性质、内容和形象,它展示和传播的形式多样、方便快捷、媒介众多。团队文化除了对本团队具有重要影响外,还会随着团队的产品、服务、宣传、广告、对外交往活动等向团队外部传播,对外部组织、社会、公众、本地区甚至国内外产生一定的影响。因此,团队文化具有强大的辐射作用,团队文化的辐射作用能够在提高本团队知名度的同时,向外界展示本团队的形象、特点和内涵,焕发团队成员对团队的责任感、自豪感、荣誉感,并能够使团队文化成为社会文化的一部分。

(三)讲座团队文化的建立和维护

团队文化是团队建设与发展的重要支撑和灵魂。图书馆公益讲座团队要保持持续健康发展,必须建立良好的团队文化,激发并保持团队每一位成员旺盛的工作热忱、学习力、创新力,进而从根本上提高团队的核心竞争力。

1.建立统一的团队理想和价值观

团队理想和价值观是团队文化的核心,团队价值观规定了团队该干什么,怎样去做,朝什么方向去发展,以及干好干坏的评价标准等,它作为指导团队行为的一种思想观念,是团队的灵魂。建设公益讲座团队文化,一方面要注重培育与时俱进的团队理念和价值观,另一方面要促使团队成员主动、自觉地接受图书馆公益讲座工作服务理念,达成共识,认同图书馆公益讲座的发展目标,从而形成共同理想和共同的价值观。

佛山市图书馆公益讲座自开办起就确立了"重铸书香社会,共建精神家园"的服务宗旨,体现"人文关怀"成为该馆讲座的重要服务理念。在市场经济活跃的今天,佛山市图书馆公益讲座团队一直执著地坚持着这一宗旨和理念,并把它转化为团队成员共同的理想和信念。十几年来,公益讲座为社会敞开了学习的大门,以传播先进文化为己任,让人们在这种独特的人文氛围之中,感受知识的熏陶,找到精神的家园。

2. 培养具有时代精神的团队精神

培育和提炼团队精神要与时俱进,要注入符合时代精神的新内容。现代公共图书馆最显现的一个新型功能就是成为主流文化的倡导者,讲座作为一种传播新知、阐扬学术、普及科学的新的文化传播方式,已成为图书馆构建公共文化服务体系中的一个重要内容。作为公益讲座团队成员必须团结一致,积极学习,勇于创新,才能不断提高自身素质,创新服务,因此协作精神、学习精神、创新精神应成为讲座团队文化精神建设中的重要内容。

(1) 协作精神

图书馆讲座从策划、组织到具体运作,需要讲座团队各方面成员共同承担,因此,具有良好的协作精神是讲座团队开展工作的重要保障。在讲座团队建设中,根据团队的工作目标和任务,使每一个团队成员明确各自工作职责,同时加强各个团队成员之间的合作,增强他们的合作能力,以让整个团队更积极、更顺畅地开展工作。协作精神作为团队文化建设的重要内容,既利于提高团队的合作能力,也利于促使团队成员保持足够的谦虚品格,并积极学习其他成员有益于团队合作的优秀品质,敢于承担责任,同时也给别人以希望,使团队成员之间的交流更加通畅,形成团队良好的工作气氛。

(2) 学习精神

学习精神对于讲座团队的持续发展至关重要,团队学习有利于提高团队成员互相配合、整体搭配与实现共同目标的能力。讲座工作是文化工作,讲座策划组织是精神劳动,不具备一定的学识是不可能胜任的。在知识日新月异、信息扑面而来的时代,讲座团队只有不断加强学习,丰富自身的知识积累,提高文化修养,才能适应不断发展变化的社会需求。

（3）创新精神

文化积累离不开文化创新,讲座活动不仅有传播思想、传递信息的职责,而且必须与时俱进,不断地运用新角度、新语言,更新形式,改进内容,为群众提供丰富多彩的精神文化服务。讲座团队的创新精神和创新能力直接关系到讲座的发展。一个团队只有具有创新精神,才会有丰富的想象力和创造力,才能不断打破常规,创造性地开展工作。创新精神是讲座团队的核心竞争力。

培养讲座团队创新精神,就要培育团队成员的创新意识,使之具有求新求异的思维,形成与众不同的风格。在工作中能根据社会的发展趋势,发现新的文化需求,创造新的发展空间,同时通过创新形成自己的特色和风格,做到"人无我有,人有我新"。

佛山市图书馆为了创新讲座形式,在2004年首次将公益讲座以流动的形式推广到了佛山市各区及大中院校。在佛山市政府举办"魅力佛山·2004琼花粤剧艺术节"期间,组织的"粤剧知识与欣赏系列公益讲座"中勇敢尝试,打破以往讲座"讲坛传授"的单一模式,采用"聆听与观赏结合"、"知识性与趣味性结合"、"台上讲、演、答与台下看、学、问结合"的互动形式,受到当地社会各界读者的热烈欢迎。

3. 塑造良好的团队形象

团队形象是团队文化的外在表现,良好的团队形象对团队内部能够产生强大的凝聚力和向心力,对外能够树立团队良好的信誉,扩大团队影响力,提升团队竞争力。团队形象涉及环境形象、队伍形象、服务形象等方面,包括团队宣传品、标识、团队成员形象的视觉展示和新闻媒体、舆论的宣传。影响团队形象的要素很多,但无论外在形象还是内在形象的塑造,都离不开对人的塑造,如果不去培养团队成员进步的价值观、高尚的情操和积极向上的进取精神,团队形象就会显得苍白无力。因此,团队形象的塑造要以打造团队内在素质为基础,以创造团队精神和价值观为灵魂。

佛山市图书馆讲座通过团队热情、真诚和充满活力的投入工作，以及一些别出心裁的宣传推广方式，如设计制作介绍主讲人的书签和卡片，给主讲人和听众留下了深刻印象，在公众面前树立了良好的团队形象。2007年5月应邀到佛山举办讲座的我国著名学者周国平先生为南风讲坛留下了"可爱的团队，可敬的事业"的题词，对讲座团队给予了高度的评价。

三、加强讲座团队的沟通

在现代管理中沟通的作用日趋重要，沟通是管理最为重要的组成部分。管理诸功能的实现无不包括着决策的行为，而决策的正确又不能离开信息的沟通。沟通既是科学也是艺术，管理者与被管理者之间的有效沟通是管理艺术的精髓。以欧美为代表的西方现代管理者都把沟通作为其工作的主要内容。在图书馆公益讲座团队的科学管理中，沟通同样起着非常重要的作用。

（一）沟通在讲座团队管理中的功能

沟通是管理学理论中的重要概念，美国管理学家罗宾斯认为"沟通是意义的传递与理解"。在MBA的核心课程《管理沟通》中，把沟通定义为："沟通是指为了设定的目标，把信息、思想和情感在个人或群体间传递的过程。"对于讲座团队的管理者来说，适时、正确、高效地运用好沟通，可以有效地提高管理水平和管理艺术。具体地说有以下几个功能：

1. 沟通是实现团队管理目标，使团队成员行动一致的手段

讲座团队成员一致的行动是顺利开展讲座工作，完成工作任务的保证。讲座团队的工作计划、进展、存在问题等不是团队管理者一个人的事情，只有做到每个成员心中有数，才能大家步调一致。团队管理者在业务工作中一定要注意调动每个人头脑中的信息库。年初的计划、年末的总结、工作中的具体问题、临时增加的活动等，都需要经常跟团队成员通报、商量，达到最大程度的共识以后再付诸行动。经

过沟通以后的员工自觉地工作,比生硬地命令效果好得多。

2. 沟通是讲座团队开展工作的有力保障

图书馆讲座活动的开展涉及多种工作岗位,需要图书馆其他多个相关部门的配合与支持,良好的沟通使图书馆讲座团队能够保证讲座团队与各部门之间沟通渠道的通畅,减少互相之间的矛盾,提高工作效率。随着图书馆讲座业务的不断发展和扩大,各图书馆之间,图书馆与政府部门、媒体及企业单位的合作也不断加强,沟通让团队加强了与外界的联系和交流,及时了解各单位、部门的工作动向和需求特点,为合作开展讲座工作,实现资源共享打下良好基础。

3. 沟通是增进团队成员感情,形成团队凝聚力的重要手段

社会群体和工作群体对大多数人而言,是主要的社交"圈子",因此,讲座团队成员通过沟通,自由交换意见,不仅可以传递信息,而且可以传递感情、态度,表达情感,从而增进彼此的了解,形成团队凝聚力。

(二)团队管理中沟通的主要类型

1. 按沟通方向分

按沟通方向可分为:与馆领导的沟通、与团队成员的沟通、与馆内其他部门的沟通、与其他馆及部门、单位的沟通。与馆领导沟通包括及时地了解馆领导的意图、适时地汇报团队工作的情况和遇到的困难、问题,以起到上情下达、辅助决策的作用;与团队成员的沟通包括把图书馆和团队的计划、任务、安排传达给相应人员,了解他们对工作的意见、想法,随时调整决策,有的意见还要汇总、分析后反映给有关领导,取得他们的理解与支持;与馆内其他部门的沟通主要是工作方面的沟通,因为讲座工作是图书馆各项业务工作的一个有机整体,通过与其他相关部门的沟通可以获得必要的支持与配合,同时改进团队的工作;与其他馆、部门、单位的沟通可以加强彼此的联系和交流,开展资源共享,提高工作质量,拓宽工作领域。

2. 按沟通性质分

按沟通性质可分为正式沟通和非正式沟通。正式沟通包括图书

馆或团队正式制定和发布的规章制度文件、计划、汇报、总结等,非正式沟通包括聊天、谈心等。在现代团队管理中,应重视加强对非正式沟通的研究,因为团队成员的真实思想和动机往往在非正式沟通中表露出来。

(三)提高沟通效率的途径

1. 以人为本,加强情感沟通

情感沟通是沟通的重要组成部分。管理心理学认为情绪与情感是人精神生活的重要组成部分。它反映的是人与外界刺激物之间的关系,并因这种关系性质的不同而引起不同的体验或感受。人心境的好坏直接影响人的行为。积极的心境,可以使人增强活力,消极的心境可以使人丧失活力。作为图书馆讲座团队管理者,在管理中要尽可能地充分利用情感上的激励机制,多鼓励团队成员,调动他们的积极性,使他们在愉悦的状态下开展工作。特别是当有些成员情绪波动、变化较大时,要从需要入手,努力和他们沟通,了解他们情绪变化的原因,动之以情,晓之以理,才能导之以行。实现情感上的沟通,产生情感上的共鸣,是思想引导的重要前提。在团队管理中,应尽量避免生硬命令,多从理解出发,往往会使工作事半功倍。这种情感沟通不仅对团队成员需要,对馆领导、对讲座听众亦需要,争取他们从情感上对团队工作的理解,争取他们的支持与配合。

2. 充分考虑团队成员的个性化特征

沟通的目的是为了调动团队成员的积极性,完成团队的共同目标。因而沟通要想达到比较好的效果,一定要充分考虑团队成员的实际需要,特别是他们的个性化特征。同样一句话在不同的团队成员看来可能意思差别很大。气质类型不同的人,心理活动的感受性、倾向性,反应的速度、灵活性均不同。因而在传达同样一个信息的时候要考虑不同个性的人的需要。如果是正式沟通,如传达上级领导的书面指示,要根据不同气质类型的人的反应和接受程度,适当地从不同角度加以解释;如果是非正式沟通,如聊天、谈心等,就要根据沟通对象的各自特点,采取不同的沟通方式。同样,讲座中每一项工作都要靠每一个团队成员来完成。因此要注意与每个个性不同的人沟通,了解每个人的思想,使团队的计划和目标能够最大限度地传达到每个团队成员,发挥每个人的性格和能力方面的个性优势。每个岗位做好了,团队整体工作自然出色。

3. 运用信息反馈,增强沟通效果

很多的沟通问题是直接由于误解或信息不准确造成的。如果管理者在沟通过程中使用反馈机制,则会减少问题的发生。这种反馈可以是言语的,也可以是非言语的。在与团队成员的交谈中,应核实信息是否被对方接受。这种反馈在现实中常常被忽视,我们往往只重视信息的发送而忽略信息的反馈,导致产生误解,影响工作效率。

4. 讲究沟通艺术,降低"噪声"干扰

"噪声"是指妨碍信息沟通的因素。这些因素主要有:沟通者的表达方式;沟通环节的失误;团队成员的知识、经历、感觉和态度;环境和时机问题等。要提高沟通效率,尽可能地减少这些因素的发生,可以采取以下几种方法:

(1)善于倾听:作为团队管理者,一定要善于倾听来自方方面面的信息,不要急于下结论,耳朵灵和嘴巴灵同样重要。只有从不同角度倾听,才能全面准确地把握信息,筛选正确信息,避免错误信息的干扰。

(2)运用好非正式沟通:对于一个团队来说,非正式沟通比正式沟通更常用,非正式沟通运用得好,对正式沟通是一个很好的补充,运用得不好会带来很多的麻烦。非正式沟通中,要尽量减少沟通环节,避免信息传送过程中的失真,只有获得第一手材料,才能作出正确决策。

(3)把握好沟通的时机:注意观察馆内大环境、大气氛;观察团队成员的情况,过早或过迟地传送信息都没有意义。沟通是双向运动,要重视信息沟通的时机,也要注意信息传递过程中可能遇到的问题。

5. 利用现代化的沟通手段,提高沟通时效信息技术的发展给沟通带来了一些新的手段,如电子邮箱、MSN、BBS 等。运用这些手段能使信息沟通的时效性增强,减少沟通环节及人为因素,减少用于沟通的工作量,同时可以使沟通更加充满生机。

第五节　公益讲座团队的学习

一、讲座团队注重学习的必要性

（一）是学习型社会对个人成长的基本要求

"形成全面学习、终身学习的学习型社会,促进人的全面发展",成为我国全面建设小康社会的一个重要目标。因此,终身学习已成为个人适应现代社会的基本方式,学习将贯穿在社会和个体的成长发展过程中。每个人需要不断学习,随时补充新知识,学习新技能,才能不断适应时代的发展与变化。

（二）是履行图书馆讲座教育职能、开展讲座工作的必然要求

进入信息社会后,图书馆本身具有的传播科学文化知识、进行社会教育的职能愈加突现出来。图书馆通过举办讲座,将社会各界的学术精英和专家学者集合在自己旗下,把公共图书馆建成本地人文与科普活动的主阵地,实现了高层次的对公众进行方向性、高素质的社会教育的功能。到讲座的主讲人,有德高望重的学界前辈,也有学有专长的学界中坚,讲座的主题范围涉及文史哲学、政治经济、诗词戏曲、音乐舞蹈、书法绘画、文博考古等诸多领域,因此作为讲座工作人员,必须增加自己的知识储备,优化知识结构,开阔视野,才能不断拓展讲座业务空间,提高讲座工作的效率和质量。

（三）是适应时代发展变化,提高团队竞争力的前提条件

一个有弹性的团队能够使技术的改变更容易地影响团队所提供的各项服务,而只有具备持续性学习的团队,才能成为一个有弹性的团队。此外,一个能真正经得起挑战的团队,在于尽早辨识及适应环境的变迁,而这需要具备有效的学习能力与改变能力。所以,有效而持续的学习是图书馆讲座团队成功的前提要件。唯有建立一个强而

有力的学习型团队,积极培养团队的学习能力,才能使图书馆讲座团队更具灵活应变的能力,更具有竞争力,以应对多变的环境与科技发展。一个缺乏学习能力的团队,势必在未来的发展中被淘汰出局。

二、提高团队学习力是加强团队学习的核心

(一)团队学习力的内涵

团队学习力是团队成员学习动力、学习毅力、学习能力和学习创新力的总和,是团队获取知识、分享知识、使用知识和创造知识的能力,是动态衡量一个团队综合素质和竞争力强弱的真正尺度。学习动力来源于学习目标、兴趣和动机,目标越大、兴趣越浓、动机越强,动力就愈大,这是学习的动力源。学习毅力来源于学习精神、心理素质、意志和价值观等,认识有多深,毅力有多强,学习就会有多持久,这是学习力的核心。学习能力来源于学习方法,主要包括阅读力、记忆力、理解力、学习效率等,是学习是否具有成效的关键。学习创新力来源于系统思考,包括观察力、分析力、应用力,是学习的最高境界。团队学习力的四大构成要素不是孤立存在的,是相互交叉、互相促进、有机联系的整体,是团队成员自我学习、自我超越、自我发展的螺旋式上升的过程。

(二)团队学习力的具体体现

一个团队的学习力,主要体现在以下三个方面:

1. 快速获取信息和知识的能力。在当今知识信息对社会的发展起决定作用的时代,唯一不变的就是"变"成为学习主体唯一具有的持久优势,就是有能力比别人学习得更快更好。谁对变化的反应更快,谁就掌握先机,谁对变化把握的全面,谁就掌握竞争的主动权。所以学习力的首要方面就是获取信息和知识的能力。讲座团队成员在学习上必须树立与时俱进的观念,快速搜集、获取相关信息和知识,使讲座工作能不断适应社会发展和市民需求的变化。

2. 适时更新观念的能力。观念是在人的头脑中形成的支配其行为的巨大精神力量。社会时时刻刻地发生着变化,这就要求讲座团队

成员要时刻转变思维和观念,尤其是一些旧传统思维和观念,只有如此,才能顺应时代的发展。"问渠哪得清如许,为有源头活水来",只有不断注入新知识、新文化、新观念的"活水",才会使讲座工作具有"清如许"的崭新生命力。

3. 持续不断的创新能力。创新是一个国家兴旺发达的不竭动力,同样它也是一个团队不断进步的灵魂。它要求一个团队不仅要有创新精神,更应具有创新的知识理论素养和快速求变、快速应变的创新品质。这对团队的学习力提出了更高更新的要求。只有不断提高学习力,才能保持在瞬息万变、纷繁复杂的社会环境中游刃有余,及时应对,持续创新。

(三)提高团队学习力的途径

1. 加强团队学习的自主性

自主学习是指讲座团队成员在讲座工作实践中,主动地去分析问题、解决问题,创造性地获取经验和知识的学习活动。作为一种新的学习理念,同传统的学习相比,它更强调学习的自觉性和主体性。自主学习应成为讲座团队成员学习的重要特点,讲座团队成员在讲座的策划组织工作中,积极主动地探究和发现问题、解决问题,获得各种经验和知识,从而培养自身创新精神和实践能力。加强讲座团队学习的自主性,有利于引起团队成员内在的学习需要和兴趣,自觉成为学习的主人,从而积极主动地去参与学习过程,创造性地获取知识。

2. 明确团队学习的目的性

人是生产力中最具有决定性意义的力量,图书馆讲座工作离开了从事讲座工作的人员,一切都无从谈起。毫无疑问,讲座工作水平的提高与工作人员素质的提高密切相关。讲座团队成员只有具备了较高的素质,才能相应地提高工作能力,使听众得到更满意的服务。因此讲座团队学习的目的必须十分明确,就是要以提高工作绩效为前提,与业务目标紧密相关。讲座团队成员应把学习作为各项工作中必不可少的一部分,形成一种自觉习惯,不断更新和充实自己的知识储备,建立全新的适合讲座工作需求的知识构架,以满足讲座工作不断发展的需求。

3.注重团队学习的开放性

讲座团队学习的内容、方式和活动空间具有不确定性和无限性。其学习的开放性主要体现在三个方面:一是学习内容的开放性。讲座的主题范围涉及诸多领域,讲座的组织运作需要多种技能,因此讲座团队成员学习的内容具有广泛性和开放性。二是学习方式的开放性。每个成员都可根据自己的兴趣和岗位工作需要来进行自主学习,既可以是个人也可以是集体学习。三是学习空间的开放性。讲座团队学习可以在馆内也可以在开放的环境和系统中进行,不局限地点和形式,这对激发团队成员的学习兴趣和创造性,培养他们实践活动的能力具有十分重要的意义。

4.强调团队学习的实践性

讲座团队的学习强调理论与工作实践的联系,一方面针对讲座工作实践中遇到的问题进行研究学习,同时又积极将学习的知识和经验成果应用到讲座工作实践中,不断创新工作思路和工作方法,提高讲座工作水平。

5.鼓励团队学习方式的个体性

学习方式的个体性是指团队成员独立自治和富有个性化的学习。每个人都是一个独立的个体,有着独立的个性,每个人的学习方式本质上都是个性的体现。而且讲座团队成员各自承担的职责内容不同,需要学习的知识和技能也各有所区别,因此,讲座团队学习方式应适合每个团队成员的独特个性。不能强求用一种学习方式来要求所有的成员。实践证明最有效的学习方式是个性化的学习方式,要尊重每个团队成员的独立性,为每个成员的个性发展提供广阔的空间。若缺乏独立学习的意识和能力,这和现代学习型社会的要求不相适应,必须加以改革和创新。

6.保证团队学习的持续性

讲座团队的学习需要团队成员坚持经常的学习行为,不仅要求学习是"现在进行时"，而且需要持续性地坚持，不断随着工作环境的变化来汲取新的知识和技能。只有持之以恒地学习，才能够使讲座团队在技能、洞察力、知识、态度和价值观等方面不断提高和丰富，从而使团队的知识、技能和能力等得以持续增长。

三、影响团队学习的关键要素

（一）对团队目标的认同程度

对团队目标的认同是团队成员进行团队学习的内在动力。团队的目标应以工作成果作为衡量标准。当实现了团队目标与成员个人目标的协同时，团队学习的效力就会发挥至最大。

（二）团队学习的条件

创造学习机会，鼓励团队接受新知与继续教育，对促进团队学习具有直接作用。团队管理者在主动积极地提供团队成员更多的各种形式的学习机会及更优质的学习环境之外，更应该设法建立一套完整的团队成员进修、学习制度。对于讲座团队成员接受继续教育，应该全力支持与鼓励；对于学习动机及学习能力较强的成员，应该训练并激发其研究精神，可从与实际业务相关的个案研究开始做起，研究成果不但可作为图书馆讲座业务改进的依据，也可作为讲座团队成员年度考绩评价的参考。如此才能激励团队成员不断地学习，为建立学习型组织铺路。

（三）团队学习的激励机制

良好的激励机制有利于形成团队学习的团队环境和氛围。对于长期勤奋学习、并取得良好效果的人员，应给予必要的表彰，借以激励其他团队成员；相反地，对于从不努力学习，缺乏进取精神的人员，也应给予适度的压力与责任，避免影响整体团队的学习气氛与工作情绪。团队学习的激励机制应以团队绩效为依据，同时，还应该考虑每个团队成员对团队的贡献，以引发个人参与团队学习的积极性。

（四）团队管理者

想要成功地建立一个学习型团队，管理者是最关键的灵魂人物。

团队管理者对团队学习的态度、对团队学习的认同以及是否能够有意识、有针对性地对团队学习的过程进行有效管理,是团队学习效果的关键影响因素。因此作为讲座团队的管理者,应以开阔的胸襟,不断接受新的观念与改变,积极学习新知识,并以身作则地影响团队成员,如此才能促进团队的不断进步,并充满生机和活力。

第五章 图书馆公益讲座的可持续发展

第一节 公益讲座的宣传与推广

一、公益讲座宣传推广的目的和意义

公益讲座是公共图书馆开展公共文化服务的一项重要内容,它是图书馆构建公共文化服务体系的一项重要措施,同时,它也是图书馆传播知识,普及社会文化的一项有效的社会服务。近年来各图书馆根据自身开展公益讲座活动的特点,开展了形式多样、内容丰富的宣传推广服务活动,利用传统媒体和网络媒体的力量,使公益讲座在各地风生水起、轰轰烈烈,公益讲座正在成为各地重要的文化活动,正成为各图书馆的服务品牌。公益讲座宣传推广的目的在于扩大公益讲座的社会影响力,最大限度地利用公益讲座的资源,延伸公益讲座的社会服务。做好公益讲座宣传推广的意义在于使图书馆的这项新的大众服务更好地被社会认知,被读者接受,使公益讲座做得更大、更强;让图书馆的有限资源利用最大化,使公益讲座的社会效益最大化。公益讲座宣传推广的社会意义包括以下几方面:

(一)扩大社会影响,提高公益讲座的知名度

公益讲座办的好与坏,其中一个评价指标是讲座的人气旺不旺,人越多效益就越好。但是,对一个刚办公益讲座的图书馆或一个基层图书馆来说,讲座活动都要经历从无到有,从小到大的发展过程,这就需要有意识地培育讲座市场和聚集讲座的人气,讲座的宣传推广是办好讲座必不可少的手段。传统观念是"好酒不怕巷子深",而现在国酒五粮液、茅台酒在中央电视台的黄金时段也大做特做起广告,可见宣传推广的重要性。对于图书馆公益讲座来说,许多读者并不熟悉,他们很多对图书馆的认识似乎停留在传统意义上的图书馆——借书、还

157

书,对于一个新的服务项目他们需要了解、认识。因此公益讲座在策划组织好的同时,做好宣传推广是不容忽视的环节,它可以在较短时间内,以较高的效率把讲座的内容、形式传播出去,使更多的市民认识公益讲座这一特定的阅读方式,吸引更多的听众来享受与专家、学者面对面的思想交流,"听君一席话,胜读十年书",因此,公益讲座是很有效的知识传播方式,只有市民在聆听公益讲座中受益了,在当地市民中树立起良好的口碑,图书馆公益讲座的影响力和知名度就会自然而然地提高。

(二)宣传公益文化,树立图书馆新形象

公益讲座正在从图书馆的边缘业务成为重要的服务项目,由于它的公益性、知识性、互动性,受到读者的喜爱,给读者带来了图书馆全新的服务内容和服务面貌,吸引了众多的市民走进图书馆,利用图书馆。公益讲座作为公益文化的重要组成部分,也逐渐得到各级地方政府的重视。公益讲座为图书馆开辟了一片服务新天地,在讲座这座大舞台上,图书馆作为策划和组织者正在展现其新的形象、新的魅力。加强公益讲座的宣传与推广,有利于宣传公益文化,树立图书馆的新形象。

(三)倡导全民阅读,营造良好的社会读书氛围

宣传推广公益讲座就是推动全民阅读,营造良好的社会读书氛围。公益讲座就是社会阅读的一种形式,正如农村工作研究专家李昌平所说的,听一场讲座,胜读十本书。专家、学者在讲台上短短的一个半小时,凝聚了他多年的研究成果和对某种现象、某一问题、某一观点深思熟虑的思考,可谓台上十分钟,台下十年功。市民聆听一场富有思想性的讲座,不仅汲取知识和信息,还可以在思想上与专家、学者交融。听讲座是一种愉悦地、快速获取知识的阅读方式。公益讲座事业正在各地发展壮大,讲座听众群体也伴随着图书馆公益讲座的发展茁壮成长。

(四)搭建社会平台,实现资源共享

公益讲座通过宣传推广,可以很好地被广大市民熟知,迅速建立

起具有良好群众基础的文化服务品牌,同时,随着公益讲座品牌效益逐步显现,社会许多资源会越来越多聚集在这一品牌下。凭借公益讲座这一品牌,图书馆就可以搭建起社会共享平台,从而有了更广阔的发展空间,无论在社会效益还是一定的经济效益上,都能进入良性互动的发展之中。当公益讲座在当地成为市民文化消费的一部分,成为本地具有一定影响力的公共文化服务,搭车者有之,合作者有之,支持者有之,如政府部门、企事业单位等,他们利用公益讲座这一公众文化服务平台解读政策、传播文化、发播信息、沟通民情。图书馆与社会各部门互动,使公益讲座这一有限资源得到了充分利用,实现了资源共享;同时,图书馆也赢得了更多的社会资源,使公益讲座可以健康持续地发展。

二、公益讲座宣传推广的原则

图书馆开展的都是公益性的讲座,公共图书馆又是公益性的文化单位,因此,在公益讲座宣传推广时,图书馆必须遵循以下原则:

(一)经济性原则

经济性原则是指在宣传推广时,必须以最少的投入产生最大的效益。作为公益性文化单位,图书馆不可能像企业一掷千金,利用媒体地毯式地轰炸,另外,公益讲座的特殊性,其内容每期是不一样的,而企业产品的更新周期较长,在时间上,也不可能把公益讲座这样的公共文化服务产品像企业产品一样,一成不变在媒体上长久地做下去。企业在产品广告上,投入巨大,通过产品销售可以得到更丰厚的利润,以支撑广告,而公益讲座宣传推广的定位是扩大社会影响,取得更大的社会效益,不可能大手笔、长久性地做媒体广告。在公益讲座宣传推广时,图书馆要进行经费预算控制,杜绝不必要的浪费,以经济性原则作为公益讲座宣传推广的主要原则。

(二)系统性原则

系统性原则是指在宣传推广时综合考虑各种因素,形成各种宣传形式的叠加效果。从宣传形式看,有报纸、电台、电视、海报、宣传单、网站、网络即时通讯、手机等,图书馆应善于利用组合拳,各种形式的宣传要有机结合,形成系统,各种宣传形式相互支持和配合,形成全方位的宣传攻势。从宣传时序上看,必须考虑前后的对应关系和递进关系,使讲座前后的宣传能够互为补充,相互促进,形成宣传推广的浪潮。

（三）客观性原则

客观性原则是指应遵循媒体传播的特点和市民接受媒体信息的规律来制定讲座宣传推广的计划。宣传推广应建立在调查研究基础之上,才能确保宣传推广符合市民的需要,在市民的心目中产生强烈的共鸣。图书馆只有充分分析宣传和媒体的特点,才能保证在媒体上所作的宣传推广产生预期的效果。另外,在做讲座宣传推广策划方案时,应把媒体的特点、市民的喜好、宣传内容、推广时序及操作步骤都反应在方案之中,这样宣传推广才能产生良好的效果。

（四）艺术性原则

艺术性原则是指宣传推广应避免单一诉求模式,应采取多样化、差异化、流动性的艺术手段,达到突出宣传的目的。图书馆在讲座宣传时,应回避采用直接陈述的劝说模式,而采取暗示、比喻、象征和衬托等艺术手段实现信息传递的目的。宣传推广手段要新颖、内容要创新,才能形成富有艺术效果的宣传推广活动。早期的电视广告都是单一的产品三包广告,不但没有宣传效果,而且令人生厌。现代电视广告的色彩、动感、艺术效果都让人耳目一新,不仅有效地传播了信息内容,也让人们享受到艺术的魅力,这就是图书馆在作讲座宣传推广中应追求的效果。

三、公益讲座宣传推广的方式

公益讲座宣传推广方式有各种各样,如媒体宣传、网络推广、阵地宣传及现代通讯宣传,由于宣传载体的特殊性,宣传推广的广度及深度不尽相同。这里主要讨论三大传统传媒、网络、通讯及图书馆阵地等几种宣传推广形式。

（一）三大传统媒体

1. 电视

电视是理想的广告媒体，电视最大优点在于它为传播的信息或产品提供了视频和音频，让市民能有身临其境的感受。它通过动态的画面、艳丽的色彩创造出预期的场景，产生视觉和听觉的冲击，激发市民体验的热情和享用的欲望。随着电视普及率的提高，电视的覆盖域更大，电视节目的灵活性使电视宣传推广成为有效的手段之一。但电视媒体成本不断提高，广告消费按秒计算，并且信息转瞬即逝，市民难以捕捉或思考其内容，且广告时间是市民在观看节目后休息或转换频道的时候，这也削弱了电视广告的影响力。

2. 电台

电台广播是一个十分普及的媒体，人们在电视问世之前，就利用电台来传播信息。随着电视的普及，似乎收听广播电台的人越来越少。但是电台的优势是电视不可替代的，即使在传媒业如此发达的今天，电台广播仍然在人们的生活中不可缺少。在中国，汽车工业的突飞猛进对电台广播起了促进作用，人们往往在上下班乘坐汽车的同时，收听广播已成为一种生活习惯。电台广播的好处是成本低，易于普及。电台广告制作较为简单，低成本使电台成为广告媒体中最为有效的一种。因为其成本低，电台广播也是所有广告媒体中最为灵活的一种，它可以根据形势与听众的变化，随时调整广告内容。电台与听众之间有着互动的选择性，这也是电台广播集结一大批忠实听众的原因。但是电台广播只闻其声不见其人，缺乏视觉形象，不能很好地展示产品；现在电台多如牛毛，容易使听众分散注意力，不断转换频道，错过广告信息的有效传播。

3. 报纸

报纸是历史最悠久的媒体之一，也是最大的广告媒体，报纸的优势是成本低廉，制作简便，这是电视、电台无法比拟的。随着科技的发展，电脑排版和远程传输技术应用，提高了报纸出版的时效性和质量，也形成了报纸发展的规模效益。承载的信息量大，且能传递深度信息。由于电视、电台的频道和时段资源有限,它在信息的承载量上无法与报纸相比。报纸信息获取的选择性强,且易于保存,读者可以根据自身的习惯、兴趣和能力去加以选择,读者可以控制阅读速度,选择阅读时间、地点和内容,与电视、电台媒体的稍纵即逝而言,报纸有它的优越性。

(二)网络

互联网的发展犹如一场革命,迅速席卷全球,双向传递信息,以崭新姿态成为新的电子媒体,对传统三大媒体形成了巨大挑战。与传统的大众传播方式相比,网络传播的最大特点和优势就是其充分自由的反馈机制以及传播者与市民之间关系的改变和"距离感"的消失,大众传播的薄弱环节是反馈,恰好是网络媒体的强项。网络传播的特点是:信息数字化,信息储存、传递、处理都变得更快捷、简易。传播的双向互动性,用户既是受众,又是传播者,用户可以获取信息的同时随意发布信息,相互交流、沟通。这体现了网络媒体信息获取权利与传播权利的自由与平等。据中国互联网络信息中心(CNNIC)发布的《第26次中国互联网络发展状况统计报告》显示,截至2010年6月底,我国网民规模已经突破4亿关口,达到了4.2亿。由于互联网用户群体庞大,信息发布廉价、简便,又有很好的互动性,图书馆在公益讲座宣传推广上应充分使用网络媒体,发挥网络的力量。图书馆可以在图书馆网站、当地论坛、本地政府网站、本地有名的网站发布公益讲座的计划、信息和相关内容。如佛山市图书馆为了进一步宣传、推广公益讲座活动,打造公益讲座品牌,2002年在该馆网站上发布了征集公益讲座名称的公告。短短三个月的时间,收集到来自全国(除西藏、台湾外)的2000多个名称,可见网络的影响力。现在,佛山市图书馆每场公益讲座都在佛山市C2000论坛上公告,每次浏览人数上千人,回帖人数几百人。

(三)阵地

图书馆一般都在馆内报告厅或多功能厅开设公益讲座,这是公益讲座的主战场,如何立足于阵地,做好公益讲座宣传推广工作? 首先,做好预告宣传,利用设计精美的海报、宣传单及门票作为常规宣传。第二,可以设计制作具有收藏纪念性的书签、活页等,把主讲人的简介、讲座概要,主讲人的寄语等印在上面,作为深度宣传。第三,在图书馆门口及显著位置挂横幅,张贴海报营造宣传氛围。第四,在报告厅讲台上设计大方、醒目,具有文化品味的舞台背景板,突出公益讲座主题,如佛山市图书馆公益讲座就在讲台大型背景板上突出讲座的主题"重铸书香社会,共建精神家园"。第五,在讲座开讲前利用投影播放与公益讲座相关内容的短片、PPT或幻灯片。在讲座结束后,由主持人预告下一阶段公益讲座的排期。阵地宣传推广的受众完全是进馆的读者,因此,阵地宣传推广针对性较强。

（四）手机通讯

手机已经成为信息传播最普及的终端设备,它的成本越来越低,功能越来越强,除了通话基本功能,短信、彩信也是手机使用最多的功能,现在手机电子报、手机电子杂志已经成为一些手机用户的定制服务产品。据中国工业和信息化部统计,2010年中国手机用户将近7.4亿,移动电话普及率达到56.3部/百人。由于手机拥有最大的客户群,同时手机作为终端设备与网络终端设备一样具有双向互动性,易交流、好沟通;另外它的便携特点和极大的普及性,使它更具有商业开发的潜质。许多商家都关注这一蕴藏巨大商机的手机用户群,手机短信广告铺天盖地。因此,图书馆应很好地利用短信平台和手机终端来宣传推广公益讲座,可以通过电信部门对特定的手机用户群定期发送讲座信息,可以把讲座信息编辑成手机电子报内容或手机图书馆中的公益讲座栏目,发送到手机用户。图书馆建立起手机群发平台,可以实现点对面的群发,一次可以发送上千条短信。利用手机通讯设备,使图书馆公益讲座在宣传推广中,真正做到有效传播。

事实上,图书馆在讲座宣传推广中,要考虑宣传推广的成本、传播的广度,市民的接收度等要素,按宣传推广的成本高低来排,自高到低,电视、报纸、电台、手机短信、阵地宣传、网络;从传播制作的复杂程度来排,从高至低,电视、报纸、电台、阵地宣传、网络、手机短信;从信息传播的有效性来排,从高至低,手机短信、网络、阵地宣传、报纸、电台、电视。由此看出,手机短信、网络和阵地宣传应该是图书馆必选的而且能自我控制的宣传推广方式。而电视、报纸、电台三大传统媒体只能通过合作和上级文化部门主管单位如市委宣传部协调,才能有限度地利用。如在电视新闻的文化板块中预告公益讲座内容,在报纸文化专版中预告公益讲座的信息,在电台新闻栏目的文化新闻中,播放下期的公益讲座相关内容。只要形成制度,市民就可以从相关的栏目内容和相关的时间段获得图书馆公益讲座的相关信息,就能起到宣传推广的作用。如果要开展媒体的深度宣传推广,可在电视上开办电视讲座节目,在电台开办公益讲座录音剪辑节目,在报纸开辟讲座专栏,设计刊登主讲人专访、对话访谈节目、讲座录像、录音节目、讲座内容等具有文化内涵的讲座系列节目或专栏。

第二节　公益讲座的延伸服务

　　图书馆作为社会公益文化单位,它是非常有限的公益性服务的社会资源,要充分发挥有限的社会资源,满足市民日益增长的文化需求,图书馆仅做好阵地服务已难以适应社会发展的需要。为解决有限的图书馆资源与日益增长的文化需求这对矛盾,保障市民的文化权益,图书馆在做好阵地服务的同时应尽可能地利用现有的服务资源,拓展社会服务渠道,扩大社会服务面。延伸服务是图书馆追求社会服务效益的最大化,缓解有限的图书馆资源与日益增长的文化需求矛盾的有效措施。公益讲座是图书馆近年来着力打造的深受市民喜爱的公共文化服务产品,在许多地方,图书馆公益讲座成为当地一张文化名片和一项重要的文化活动。如果这些讲座仅仅在图书馆里开讲,受惠的只有几百名市民。由于信息不对称和传播有限,更多的市民无法享受到这些文化大餐,公益讲座的资源就没有得到更好地利用,因此,公益讲座的延伸服务更显重要。下面从图书馆公益讲座的实践来探讨公益讲座延伸服务的内容和形式。

一、基于图书馆公益讲座而衍生的讲座

（一）流动讲座

流动讲座就是把公益讲座送到学校、社区、企业、军营和兄弟图书馆。流动讲座是对在图书馆内开设的阵地讲座而言的，其特点就是讲座的听众是特定的人群，学校的听众就是师生，企业听众就是产业工人，军营听众就是部队官兵。由于特定的听众，流动讲座在选题时，就必须针对听众的特定需求，才能组织好流动讲座的主题，才能产生较好的讲座效果。流动讲座可以在同一类型的单位中，采用巡回讲座形式进行，比如在几个图书馆之间、几个学校之间、几个社区之间进行巡回。流动讲座可以采取合作单位之间分担讲座费用，如主讲人的交通费和住宿费，这可以大大降低一个单位开展讲座的活动成本，又可以使讲座资源多次利用，扩大讲座市民群体。在开展流动讲座时，必须做好与合作单位的联系与协调工作，讲座之间的间隔要紧凑，但不能相隔几天，否则会大大增加讲座成本，同时，还要在讲座主讲人力所能及的范围内，考虑流动讲座巡讲的范围。

（二）电子讲座

电子讲座就是利用数字化技术，把公益讲座刻录成光盘，利用光盘开展图书馆公益讲座服务活动。电子讲座成本低、传播广，是开展公益讲座延伸服务的很好方式。选好电子讲座的内容后，制成多套电子讲座光盘，在图书馆的当地服务网络中配送电子讲座光盘，实现公益讲座资源共享。上海图书馆把多年来开展的名家讲座刻录成光盘，通过上海市委宣传部建立的东方信息苑网络配送，并在东方信息苑电子阅览室内开展电子讲座文化服务。现在许多公共图书馆利用购买的电子讲座资源开展电子讲座，作为本馆公益讲座的一种补充。在全国文化信息资源共享工程资源中也提供了许多电子讲座资源。在制作电子讲座时，图书馆应注意讲座内容的版权问题，应与主讲人签订相关版权协议。

（三）网络讲座

网络讲座就是把公益讲座的内容放在图书馆自己的网站上，利用网络技术传播公益讲座。网络讲座最大优点是图书馆的公益讲座一旦放在网上，讲座资源就可无限制地被使用，公益讲座通过网络无限地传播，网络用户可随时随地地享用公益讲座资源。可以说，利用网络来开展公益讲座的延伸服务，是最有效的，在线听讲座正在成为网民或图书馆读者喜爱的网络服务内容之一。现在有些图书馆已在其网络上开设了在线讲座或公益讲座的栏目，如佛山图书馆网站上的南风讲坛专栏。网络讲座可以使那些因错过机会而没有到图书馆现场聆听讲座的读者，或者因距离限制而不能享受公益讲座的异地读者，通过网络再现满足他们的需求，这就是网络讲座的优势。在把公益讲座上传到网上时，图书馆应特别注意两个问题：1. 版权问题。由于网络的无限传播，可能引起讲座内容的知识产权纠纷，这需要图书馆讲座的组织者事先与主讲人进行有效沟通，签订由主讲人授权在网上传播其讲座内容的授权书。2. 学术观点问题。有些专家和学者在图书馆内开设的讲座，由于受到时间、地点的限制，其对一些现象或问题提出的学术探讨或个人观点不可能无限扩散，但是在网络上传播，就可能产生一些误导，因此严格筛选讲座内容是开展网络讲座的前提。

（四）电视讲座

电视讲座就是在当地电视台开设图书馆公益讲座节目，利用电视网络来有效地传播公益讲座。电视讲座大家并不陌生，如中央电视台的《百家讲坛》，凤凰卫视的《世纪大讲堂》都成为电视台旗下的精品栏目，这种形式的讲座深受电视观众的喜爱。由于电视的普及，观看电视节目已是人们生活中的一部分内容，看电视成为人们当今最主要的一种文化消费方式。电视观众是传统媒体最大的群体，电视的影响力也是最大的。因此，公益讲座延伸服务最有效、最有影响力的方式就是电视讲座。现在有些地区的图书馆与当地电视台合作，定期录播图书馆的公益讲座，并已成为当地的文化品牌。反过来，电视台主动与图书馆合作,利用图书馆公益讲座的资源,来制作电视讲座,可以达到丰富电视台文化节目的目的。如佛山电视台利用佛山市图书馆公益讲座的主讲人在电视台开播《刘工说易》系列讲座,提高了佛山电视台的文化品位。电视讲座同样面临着与网络讲座的相同问题——版权和主讲人个人观点问题。但是电视讲座制作成本比较高,需经过专业录制和节目的编辑,这不是图书馆所能为的,因此,要开展电视讲座,图书馆必须和当地电视台通力合作。

二、编辑出版公益讲座系列丛书

图书馆在开办了多年的公益讲座以后,必定积累了大量的公益讲座内容素材,这是公益讲座的成果,也是图书馆的一笔知识财富,在遵守著作权法和尊重主讲人的著作权益的前提下,图书馆可以把多年公益讲座内容集结成册,正式出版,以飨读者。编辑出版公益讲座系列丛书是公益讲座内容积累的好方法,是公益讲座成果的一种展示,它更是一种以固化形态进行讲座传播的方式,让更多没有机会来到现场的读者可以以阅读的方式聆听学者、专家的精彩演讲,让听过讲座的忠实读者可以再次回味知识的意境,把过去听到的讲座收藏起来。现在许多集成文集的讲座内容已经成为热销书,如北京大学的《在北大听讲座》、湖南大学的《岳麓书院千年论坛丛书》、国家图书馆的《文津演讲录》、上海图书馆的《上图讲座》。如何顺利编辑出版好公益讲座系列丛书,需要做好下列三个方面的工作:

(一)整理编辑工作

整理编辑工作是编辑出版公益讲座系列丛书的基础。公益讲座涉及内容广,同一主题内容不同学者又有不同的学术观点,图书馆一定要在选题、整理、编辑三个环节下工夫,才能使讲座丛书出得好,受读者追捧。

1.选题

选题就是图书馆根据社会的阅读需要,确定一个明确的主题,围绕这一主题,在众多公益讲座素材中,选出一系列相关的素材内容。

选题常常开始于图书馆的某种意向或者愿望,再经过周密的调查和思考,发展成为包含着丰富内容的知识传播发展取向的建议。选题构思是个渐进的过程,图书馆最初捕捉到的信息,也许只是一个念头、一点触动、一种感觉。进入构思阶段,便要对选题的价值重新进行确认,并对实施细节逐一落实,从而使选题从模糊到清晰,从简单到丰富,从粗糙到精细。

选题的目的,是要出好书,要出好书,先要有好的选题。好的选题是出好书的第一步,也是出好书的基础。好书就是指既有社会效益又有经济效益,受读者喜爱的图书。选题工作必须坚持下列原则:

(1)思想性。公益讲座是传播知识、弘扬文化、宣传社会主义价值观和道德观。所选内容素材的思想性和学术观点应符合党和国家的政策和法规。思想性应是选题遵循的第一原则。

(2)系统性。在制定好选题后,围绕选题,应从不同角度、不同侧面、不同领域去精选素材内容。在专题内容上,内容要丰富、多样且完备,让读者今后在阅读该书时,能系统地了解专题的内容。在组织内容时,切忌内容支离破碎,纯粹简单地堆砌。

(3)时代性。如果选题能抓住当前的社会热点或社会重大事件来组织内容,反映出时代鲜明特征,这本书一定适时对路。当然,首先应在讲座策划时,就用心去关注社会热点和社会重大事件来组织好讲座,才能给编辑出版讲座丛书提供丰富的素材。如2008年的中国改革开放30年和北京奥运两大主题就是很好的选题。

2. 整理

整理就是按所确定的选题来组织好公益讲座内容素材。首先,制定标准。从选题范围、专题内容、时间界限来制定入选的标准。第二,初选。确定哪些讲座内容可以纳入选题的初选范围。第三,优选。优选是一个取舍问题,取舍是组织好素材内容的关键。同一个主题,可能有不同的讲座,不同的主讲人,不同的讲座内容,那么取舍的标准可从讲座内容的思想性、学术性和主讲人的影响力等方面来作出判断。第四,内容整理。在确定入选讲座后,就要对讲座录音进行录音整理,由于主讲人的方言和口语化等用语习惯,录音整理工作细致烦琐,由于离开了语言环境,要不断反复地听才能慢慢适应主讲人的语言习惯,才能整理出忠实于讲座内容的一份讲稿。有些图书馆采用聘请专业速记员现场录制,这需要较大的成本,但为今后整理编辑工作带来了便利。

3. 编审

编审工作是图书出版前期应做的最重要的工作,选题是否能实现取决于编审工作。一部好书的出版,固然同选题、组稿有关,但选题只是对写一部好书的设想,要变成现实,还要在组稿基础上,识别和挑选出优秀的讲座内容。编审的作用就是鉴别、判断讲座内容的质量,然后作出取舍决定。编审的方法总体来说有以下几种方法:

(1)通读。通读是了解讲座内容的唯一途径,一般至少要通读两次。第一次略读,基本了解讲座内容和特点,对内容整体上有一个大致的把握。第二次要精读,验证编审者自己在略读中对于讲座内容的了解是否到位,同时可进一步解决略读中产生的疑问。

(2)比较。可以利用一些工具书或者已经出版的同类著作或论文对讲座内容涉及的观点进行比较,具体了解观点的新颖性和特色。

(3)分析。对讲座内容进行全面分析,一是把握内容与选题策划是否契合,是否达到了选题的要求。二是看内容是否切题,论点是否正确,材料是否可靠。三是文体是否流畅,体例是否统一,文字是否通顺。因为录音整理出的文字,带有很多的口语,而且主讲人尽兴发挥的多,难免在逻辑性和紧扣主题上出现欠缺,这都需要编审者去梳理和润色。

(4)综合。对公益讲座内容在内容、体系、结构、形式、文字等方面的优缺点有一个总览性的概括,对是否可以纳入编辑出书的计划,给出一个最终判断。

编审的标准就是衡量讲座内容,决定其取舍的标准,即图书馆在编审中应遵循的原则。可以从两个方面来衡量:一是思想政治方面;二是学术方面,学术质量是衡量讲座内容素材的重要标准,不过只是一条大概的原则,而不是一个可以量化的标准,因为不同学科、不同形式的科学和文学艺术作品的评价质量标准是不一样的。因此,在此仅对思想政治方面的标准作一解释。

健康的思想政治内容是衡量讲座内容的首要标准,它涉及政治制度、意识形态、法律、方针、政策、道德及宗教诸多方面。结合现时我国社会的实际情况,在贯彻这一原则时要注意几下几点:第一,维护宪法。宪法是国家的根本大法,是国家、民族和全体公民的根本利益所在。凡是有违宪的言论及观点,煽动颠覆国家政权、泄露国家机密、危害国家安全、破坏国家安定团结以及伤害民族感情的说法,都不得安排出版。第二,坚持一个中心两个基本点的基本路线,即以经济建设为中心,坚持四项基本原则和改革开放。第三,坚持科学发展观和建设富裕和谐的社会主义指导思想。第四,加强社会主义精神文明建设。编辑出版有益于社会进步和人们身心健康的精神文化产品,传播先进思想,宣传崇高的道德,弘扬高尚的情操。

(二)保护主讲人的著作权益

无论图书馆如何利用主讲人的讲座内容,如刻录成光盘成为电子讲座,放在网上在线服务,与电视台、电台合作制成录像录音节目,编辑出版讲座文集等,都需要按照著作权法,尊重和保护主讲人的著作权益。

1. 著作权概念

著作权又称版权,是指文学、艺术和科学作品的制作者及其他著作人依法对这些作品所享有的人身权利和财产权利的总称。著作权规定了两项内容:(1)著作人身权,又称精神权利,指作者对其作品所享有的各种与人身相关联而又无直接财产内容的权利。在《著作权法》中对著作人身的内容作了明确规定,具体包括发表权、署名权、修改权和保护作品完整权四项合法权利。(2)著作财产权,又称经济权利,指作者及其他著作权人通过某种形式使用作品,从而获得经济利益的权利,财产权包括"使用权"和"获得报酬权"。

世界上第一部著作权法是 1709 年颁布于英国的《安娜女王法》,

第一部国际版权公约为 1866 年在瑞士首都伯尔尼签订的《保护文学艺术作品伯尔尼公约》,目前,世界上绝大部分国家都已经有了著作权法。我国在 1990 年 9 月颁布了《中华人民共和国著作权法》,2002 年9 月国家版权局发布施行《著作权法实施条例》。著作权是一种绝对权,也就是说,任何公民、法人或法人单位,包括国家,都负有不可侵犯该权利的义务。我国《著作权法》具体规定的侵犯著作权法行为有 11种,其中包括未经著作人许可,发表其作品的;未经著作人许可,以改编、翻译、注释等方式使用作品的;未经录音、录像制品的著作权人许可,出租其作品或录音、录像其制品的;未经表演者许可,从现场直播或者公开传送其现场表演,或者录制其表演的等行为。

2. 图书馆应尽的法律义务

遵守《著作权法》是图书馆应尽的法律义务,同时也是图书馆持续健康开展好公益讲座的基础。图书馆要开发利用好多年来积累的公益讲座资源,要把现有的讲座资源能够有效地传播出去,开展多元化的延伸服务,产生更好的社会效益,就涉及《著作权法》所规定的内容,图书馆就要处理好保护主讲人著作权益与开发利用、传播推广讲座品牌的关系。

首先,图书馆应与每一位主讲人签订有关公益讲座合作协议,征得主讲人授权,同意将其讲座内容放在网上在线服务,刻录成光盘开展讲座延伸服务,与电视台、电台合作录制节目,编辑出版讲座文集。第二,在对主讲人讲座内容进行整理和编审后,对其个人观点和讲法作出的改动,应征得主讲人同意,才能上线、播出和出版。第三,公益讲座节目在电视台、电台播出或公益讲座文集编辑出版后,应支付一定的稿酬给主讲人。这些都体现出图书馆在实践中遵纪守法,积极履行《著作权法》义务,尊重主讲人的著作权益。

在尊重和保护主讲人著作权益的同时,图书馆也应该利用法律武器保护自己的合法权益,树立著作权益的意识,在整理、编辑、出版、制作成公益讲座的衍生产品如图书、光盘、录音录像节目等,图书馆同样面临着著作权保护问题。《著作权法》对一些特殊作品的著作权主体进行了规定。在一般情况下,直接从事创作作品的人可以成为著作权主体。但是在一些情况下,直接创作作品的人不享有著作权,其他人却可以成为著作权主体。如编辑作品、演绎作品的权利主体。编辑作品是对若干单独的作品或其他材料进行选择、编辑而形成的作品,如选集、期刊、报纸、百科全书等。《著作权法》第十四条规定:编辑作品由编辑人享有著作权,但行使著作权时不得侵犯原作者的著作权。《著作权法》第十二条规定:改编、翻译、注释、整理已有作品而产生的作品,其著作权由改编、翻译、注释、整理人享有。可见改编、翻译、注释、整理只要不侵犯原作品的著作权,改编者、翻译者、注释者和整理者都是著作权主体,享有独立的著作权。因此,图书馆在整理、编辑出版和制作公益讲座的衍生作品时,在处理好主讲人的著作权益后,也独立享有公益讲座衍生产品的著作权。

(三)联系出版社

出版社的好坏影响到出书的质量,出版社的影响力关系到出书的发行量。选择优秀的、有影响力的出版社是出好书的重要因素,当然出版社对图书馆公益讲座的选题是否青睐,是否能纳入出版社的年度出版计划之内,也是出书的关键。双方有了合作意向,图书馆与出版社洽谈出版事宜,包括经费、印数、定价、版式、发行等方面的问题。经费涉及出版管理费、印刷费、稿费等;印数和定价与讲座文集的期望值相关联,预计讲座文集会很畅销,印数可以大点,多印一些;版式包括装帧设计和版式设计,优秀的图书整体设计可以增加图书吸引读者的艺术魅力。发行方式有图书馆自行包销、出版社全部包销及出版社部分包销情况。一切事宜双方达成一致后,图书馆与出版社可以签订正式出版合同,正式启动讲座文集出版工作。图书馆把整理编审过的初稿交出版社,出版社一般都必须经过初审、复审、终审三道程序,即通常所说的"三审制"进行审稿。通过编辑加工对书稿进行优化,通过出版校对工作对原书稿与定本进行校验,最后对图书进行整体设计,才能付之印刷。

三、积极参与社会文化建设,构建公共文化服务体系

近年来,党和国家高度重视我国公共文化建设,要求以科学发展观为指导,积极发展文化事业,加大政府对文化事业的投入,逐步形成覆盖全社会的比较完备的公共文化服务体系。公共文化服务体系是政府主导、社会参与形成的普及文化知识、传播先进文化、提供精神食粮、满足人民群众文化需求、保障人民群众文化权益的各种公益性文化机构和服务的总和。公共文化服务不同于市场化经营性文化产业,它具有鲜明的特征:

(1)公平均等性。公共文化服务应是公平分配的服务,公共设施和公共文化资源应均等分布,尽可能保证人人都享受到政府提供的同等程度的公共文化服务。

(2)公益性。政府提供的公共文化产品和服务具有公益性质,它不以盈利为目的,追求的是全体公民共享文化成果的社会效应。

(3)多样性。公共文化服务和产品的品种、层次和特色应该是多样的,应针对不同群体的不同文化需求,尽量提供多种相应的文化服务和产品。

(4)便利性。政府提供的公共文化应是近距离的,经常性的服务。

(5)普及性。政府提供的公共文化服务应面向大众,为全体公民所普遍享用。

公共文化的服务体系主要包括:(1)公共文化政策法规建立;(2)文化基础设施建设;(3)公共文化服务产品;(4)文化机构和人力资源;(5)公共文化服务经费;(6)公共文化服务评价监督机制。建设公共文化服务体系以提供基本而有保障的公共文化产品和文化服务为主要任务,以全社会共同消费、平等享受文化成果、实现群众文化权利为目标,具有保障公民文化权利、满足公民文化需求、传播先进文化、推动文化创新等功能。

以上可以看出,公共文化服务体系的重要内容之一就是为社会提供更多的文化服务和产品,为市民提供均等的公益性服务,保障市民

的文化权益。图书馆开办的公益讲座是一种有效的社会阅读方式,很好地发挥了图书馆的文化传播与交流的社会教育功能,讲座的公益性和传播多样性决定了其公共服务的均等性和普及性,公益讲座是深入人心的一项公共文化服务,佛山市文化广电新闻出版局在 2005 年就把佛山市图书馆公益讲座列为构建佛山市公共文化服务体系六项内容之一。

作为公共文化服务,公益讲座充分发挥它的知识传播、文化传递、社会价值引领的社会教化作用,崇尚文化、营造社会阅读的社会推动作用,同时,公益讲座作为公共文化服务品牌,在当地社会文化活动中,积极发挥提升文化活动品位,丰富文化活动内容、普及文化知识的独特文化作用。佛山市是广东粤剧发祥地,2004 年佛山市政府举办首届"魅力佛山·琼花粤剧艺术节",弘扬粤剧传统文化。在粤剧节期间,有名伶演唱、花车巡游及粤剧讲座三大板块,其中粤剧讲座由佛山市图书馆担纲承办。2007 年由文化部和广东省人民政府主办的第七届亚洲艺术节在佛山举办,为了更好地让市民了解亚洲国家的历史、文化、艺术和民俗,佛山市图书馆利用自身的服务优势,设计了"文化东方"系列活动,由"文化东方"图片展和"文化东方"公益讲座组成,"文化东方"公益讲座共分八讲,前四讲由东方歌舞团的艺术家讲解亚洲国家的艺术,后四讲由广东省高校的学者讲授亚洲国家的人文历史。"文化东方"系列活动被第七届亚洲艺术节组委会列为本次艺术节的主题节目。因此,图书馆可以利用公益讲座的影响力或品牌效应积极参加社会文化建设,在当地构建公共文化服务体系中发挥积极作用。

第三节　搭建共享平台,实现资源共享

公益讲座举办效益的好坏,与主讲人的公众认可度息息相关,公益讲座持续发展需要一支强大的师资队伍来支撑。作为单体的图书馆,其社会资源极其有限,因此,利用社会资源,搭建公益讲座共享平

台,实现讲座资源共享,是图书馆做大做强公益讲座的保障。

一、图书馆间共建共享

图书馆之间共建共享对图书馆来说并不陌生,可以说共建共享是图书馆一贯追求的目标,如合作编目、馆际互借、协调采购等。共建共享是辩证统一、相辅相成的。共建为共享提供物质基础,共享为共建提供力量源泉。没有共建,共享就缺乏根基,不能共享,共建就缺乏持续的动力。

图书馆举办的公益讲座已成为公共图书馆的一项重要工作,许多大型图书馆如国家图书馆、上海市馆、省级图书馆、省会城市图书馆等,由于地处大都市,有着丰富的讲座资源,讲座办得风风火火;有的地市级图书馆通过几十年打拼和积累,也有了厚实的讲座资源,讲座办得得心应手。但位于讲座资源匮乏地区的基层图书馆和举办讲座刚刚起步的大多数图书馆,还没有建立起讲座师资的人脉关系,讲座难以为继。公益讲座走向共建共享,是发展图书馆公益讲座事业的重要举措。一是可以使有限的公益讲座资源得到充分利用,形成连锁社会效益。二是使具有讲座服务优势的大型图书馆,通过图书馆共享平台进行讲座服务输出,使讲座服务得到延伸。三是由于共建共享需要对不同条件的图书馆开展不同形式的共享方式,催生出公益讲座服务的多元化和讲座产品的多样性,如巡回演讲、电子讲座、网络讲座等。四是扶持和推动基层图书馆公益讲座事业,让基层图书馆的公益讲座尽快走上正轨,带动基层图书馆事业的发展。

2005 年,由文化部全国文化信息资源建设管理中心、国家图书馆、上海图书馆发出倡议,全国各地 25 个省、自治区、直辖市,83 所图书馆馆长和代表共同签署了"公共图书馆讲座资源共建共享协议书",上海图书馆将 100 多种讲座光盘资料无偿提供给各兄弟省市图书馆,让其通过视频、网络、远程直播等方式向读者播放。这一举动对全国公共图书馆讲座活动起到了积极的推动作用,不断扩大了讲座的辐射范围,让偏远地区图书馆读者也能享受讲座服务,在帮助弱势群体,实现知识平等获取、消除知识鸿沟中发挥了良好的社会作用。2007年,佛山市图书馆、南海区图书馆与中山市图书馆开展馆际合作,建立起区域公益讲座共享平台,举办了由武汉大学学者主讲的"珞珈山系列讲座",2008年又合作举办了由南开大学学者主讲的"南开系列讲座",都取得了很好的社会效益。

二、图书馆与政府部门合作共享

现在,各地政府在抓经济的同时,也高度重视文化建设,积极打造文化名城,政府部门主动与图书馆合作开展公益讲座服务。图书馆与政府部门合作举办公益讲座,可以得到充裕的经费支持,有利于讲座的持续发展;公益讲座由部门活动上升到政府主导的社会公共服务层面,使图书馆可以在更大的社会舞台展示图书馆公众服务形象;政府部门介入,公益讲座的视野更宽广,讲座的主题从图书馆喜好的人文内容更多地关注社会的变迁和发展;与政府部门合作,可以加强讲座的宣传推广的力度,让更多的部门参与进来,让更多的市民享受文化盛宴;同时,公益讲座也能够成为地方政府打造文化名城的重要名片。

图书馆与政府部门合作的方式有两种,渐进式和一步式。渐进式就是图书馆通过多年积累和发展,公益讲座取得了一定社会成效,成为当地的文化品牌,政府部门主动介入,与图书馆共同举办公益讲座。如佛山市图书馆公益讲座在独家举办了十年后,2007年市委宣传部介入,与图书馆合作举办"南风讲坛"讲座,佛山市图书馆公益讲座由图书馆独家举办的图书馆社会服务成为政府主导的公共文化服务,公益讲座的舞台更大了。

2005年12月由文化部主持的全国农村文化工作会议在佛山召开,会议中的一项内容就是研讨全国公共图书馆举办公益讲座的议题,会议要求各级文化部门应把公益讲座作为公共图书馆的一项主要业务来抓,要作为一项社会文化服务来推进。会后,各级文化部门都高度重视公益讲座,纷纷牵头推动本地公益讲座发展。许多图书馆从

2006 年开始兴办公益讲座,并且一步到位与政府部门合作,从公益讲座起始,就以政府部门主办、图书馆协办的模式开始公益讲座服务。通常图书馆都是与市委宣传部、市精神文明建设委员会、市文化广电新闻出版局、市社会科学联合会等部门长期合作,采取政府部门主办与图书馆承办的方式合作。如广东省委宣传部主办、广东省立中山图书馆承办的"岭南大讲堂"。

由于公益讲座具有良好的社会影响力,政府许多部门和事业单位纷纷主动与图书馆合作,举办一些临时性的讲座,以佛山为例,如为创建文明城市,市精神文明办就利用图书馆公益讲座来开展大众讲座;每年全国博物馆日,博物馆与图书馆合作举办文物知识宣传讲座;国防办与图书馆合作举办国防知识宣传讲座;在佛山市"两会"召开期间,市人大、市政协与图书馆合作每年举办"两会论坛",会场就设在佛山市图书馆。以上这些都体现了公益讲座的品牌效应,它使社会资源聚集,扩大了讲座的社会发展空间,赢得了政府对讲座的支持与重视。

三、图书馆与媒体及企业合作共赢

媒体与市民的生活息息相关,看电视、听广播、读报纸是百姓日常生活不可分割的一部分,市民获取知识和信息大部分来自媒体。由于市场经济,媒体的娱乐性节目越来越多,现在,许多媒体正在打文化牌,提高媒体自身的文化形象,同时适应文化多样性的发展。

为了提高电视节目的文化品位,迎合市民的文化消费,许多电视台开办了读书栏目和讲座栏目,收视率高的电视讲座栏目有:中央电视台的"百家讲坛",凤凰电视台的"世纪大讲坛",还有一些地方台也制作了一些在本地有影响的电视讲座节目,公益讲座完全可以成为电视台一个很受欢迎的具有文化内涵的电视节目。如佛山电视台在佛山图书馆讲座基础上,挖掘整理并录播制作了"刘工说易"专题讲座节目。现代报纸也定期开辟了文化专版,介绍文化名人,推荐好书,设立名人对话及公益讲座专版推介,公益讲座为当地报纸提供了充裕的文化内容。如浙江省图书馆与《钱塘江晚报》合作举办讲座,《钱塘江晚报》针对每期讲座组织专版。扬州市图书馆每期讲座都由《扬州时报》推出讲座内容专版。电台也可以低成本制作出公益讲座节目,如讲座嘉宾的访谈节目、公益讲座的剪辑录音节目等。因此图书馆与媒体合作是双方共赢的,一来公共图书馆作为公益性的文化单位,借助媒体的力量,公益讲座就像插上了一双翅膀,可以使公益讲座飞得更高,传播得更远。二来媒体可以获得更多的公益讲座所带来的专家资源、信息资源、内容资源及名人效应,因为公益讲座师资队伍中不乏名人和专家。三来媒体节目可以办得更有文化内涵和品位,符合当今文化消费多元化的特性,既有娱乐性的节目,又有文化内涵的节目,既有通俗节目,又有高雅的文化内容。

我们常听到各地政府采用的一种文化搭台、经济唱戏的运作模式,经济和文化并不是两个相对或独立的范畴,而是相辅相成的,经济有了文化内涵,才能持续发展,文化有了经济支撑,才能传承。事实上在经济贸易中,经济的输出必然伴随着文化的输出。现代许多企业很重视企业文化的建造,在企业产品和服务的推广中,融入和结合文化或采用文化的手段来宣传。公益讲座是企业宣传自身的最好平台之一,公益讲座由于其公益性、文化性、名人效应和持续性,许多企业积极支持参与,以冠名或作为合作伙伴的方式与图书馆合作举办公益讲座。2008 年珠海一房地产开发商每年向市宣传部注入资金 100 万元,用于珠海市图书馆承办的公益讲座。2008 年佛山市图书馆与广东移动公司佛山分公司签订了合作协议,该公司以合作伙伴的方式,按大众讲座和精英讲座两种运作方式,支持佛山市图书馆的公益讲座。与企业的合作,可以缓解公共图书馆经费有限,并面对公益讲座成本日益高涨的困境,无疑是开辟了除政府主导的公共文化服务的又一途径,实现了企业和图书馆双赢的局面。

第四节　公益讲座的品牌塑造

公益讲座是一个地区有影响力的公共文化服务,它有很好的群众基础,它可以倡导社会全民阅读,营造浓郁的社会读书氛围,它可以成为一个地区的文化名片。公益讲座是图书馆正在兴起的一项社会服务活动,它为市民提供了多元化的知识传播新方式,具有很大的社会服务潜能,可以为图书馆赢得广泛的社会影响,聚集丰富的社会资源。公益讲座的发展应朝着品牌目标努力,建立起图书馆公益讲座品牌文化,提高图书馆在社会文化中的竞争力。

一、品牌

随着经济的发展,人们对品牌的认识度越来越高,同样的产品,品牌不同,价格迥异。在产品同质化的今天,产品的物理性能差异越来越小,品牌所包含的文化差异决定了产品的市场份额和产品的竞争力。究竟什么是品牌? 著名市场营销专家菲力普·科特勒将品牌定义为: 一种名称、术语、标记、符号或图案,或者是它们的相互组合,用以识别某个销售者或某群销售者的产品或服务,并使之与竞争对手的产品和服务相区别。

(一)品牌内涵

品牌不仅是一种符号结构,一种错综复杂的象征,更是单位、产品、服务的文化形态的综合反映和体现;品牌不仅仅是单位一项荣誉和消费者的认知,更是单位、产品或服务与消费者之间关系的载体。品牌的底蕴是文化,品牌的目标是关系。品牌有着丰富的内涵:

(1)品牌符号。品牌符号是产品与服务之间区别的基本手段。包括品牌名称、品牌标志、品牌口号、品牌象征物、品牌色彩等要素,它们形成一个有机的整体。

(2)品牌属性。指消费者感知的与品牌功能性相关联的特征和利益。

(3)品牌关系。就是顾客与品牌之间在情感、行为方面的联系,是顾客忠诚于品牌的倾向,它反映了消费者对品牌的亲密程度。

(4)品牌精神。指在消费者认识中,品牌所代表、蕴含的意义、象征、个性、情感、品位等综合文化因素的总和。品牌的创造是一种文化

179

的创造,品牌的选择是一种文化的选择,同样,品牌的消费是一种文化的消费。美国可口可乐公司在回答其产品为什么能风靡全球时,他们认为卖的不是商品,而是一种文化。

(5)品牌价值观。品牌价值观是结晶在品牌产品或服务的生产、销售、推广等价值链活动中的经营观、价值观等观念形态的总和。品牌精神是维系品牌与顾客联系的纽带,是顾客对品牌的一种感知。品牌价值观是维系品牌与员工之间的纽带,是员工对品牌的一种感知和态度。

(二)品牌功能

品牌具有一般产品或服务所不具备的功能:

(1)宣传功能。品牌是一种非常有效的广告宣传方式,人们在消费过程中,从对品牌的认知到对品牌信赖和忠诚。

(2)识别功能。识别功能是品牌的基本功能,品牌是一种标记,其含义清楚,目标明确,专指性强。对于消费者来说,品牌的主要功能是作为一种速记符号。只要一提起某品牌,心目中就能唤起记忆和联想,以及感觉和情绪,同时意识到指的是什么。

(3)服务承诺。品牌是在长期市场竞争中,享有崇高声誉,给消费者带来了信心和保证,能满足消费者所期待获得的物质、功能和心理利益的满足。消费者会对自己熟悉的品牌产生依赖和信任,认为品牌是可靠的、安全的。

(4)信息浓缩。品牌的名称、标识物、标识语,其含义丰富、深刻、幽默、具体,要求以消费者所掌握的关于品牌的整体信息的形式出现。品牌提高了消费者收集信息的效率,品牌给消费者提供了一种使信息收集成本最小化的途径,节省了消费者选择商品的成本。

(5)附加价值。附加价值是指被消费者欣赏产品的基本功能之外的东西。建立品牌一定要给客户提供比一般产品更多的价值和利益,使消费者得到超值享受。

二、公益讲座品牌的建立

如何把一项对公众服务的图书馆公益讲座打造成区域性的公共

文化服务的品牌？利用品牌效应更好地为社会服务，这是许多图书馆在多年来开展公益讲座走过的一条探索之路。下面以佛山市图书馆十三年公益讲座为案例阐述公益讲座品牌建设。

（一）建设公益讲座品牌文化

品牌文化就是指文化特质在品牌中的沉积和品牌活动中的一切文化现象，品牌属于文化价值的范畴，是社会物质形态和精神形态的统一体，是现代社会消费心理和文化价值取向的结合。品牌文化包括三个层次内容，即外层品牌文化、内层品牌文化和核心品牌文化。

品牌外层文化即品牌文化物化形象的外在表现，是展现于消费者面前，看得见摸得着的一些要素，如产品或服务的名称、标识、色彩及造型等。外层文化就是要用特定的形象表现系统，将单位、产品或服务的深层核心文化不断传输给单位员工和社会公众。外层文化一定要将有形的视觉设计和无形的理念价值有机地结合起来，使单位形象清晰明确，具有极强的感染力和传播力。如佛山市图书馆在公益讲座品牌的建设中，2005年向社会征集公益讲座名称，最后从2000多个名称中选取了"南风讲坛"。每场讲座都有设计精美的舞台背景板，印有"重铸书香社会，共建精神家园"主题的背景板烘托出佛山市图书馆公益讲座浓浓的社会阅读气氛。此外，佛山市图书馆还为讲座设计了印有主讲人简介和讲座内容的具有收藏纪念意义的书签和卡片。公益讲座品牌的外层文化是图书馆整体形象的化身，是图书馆理念的缩影。

品牌的内层文化就是指以单位理念为基础的有一定目的的组织行为模式。行为模式受核心文化的制约，表现核心文化的要求，是单位核心文化的具体表现形式。内层文化就是通过单位活动来体现其文化内涵的，对内开展员工培训、学习教育、团队建设及目标管理，对外开展形象宣传、社会服务和沟通合作。品牌内层文化的落脚点是人和制度，图书馆是一个有机的整体，组成这个整体的主体是图书馆员工，大家为了一个共同的目的组织到一起，相互依赖，相互作用，每一位员工的能力、兴趣、爱好各不相同，要使具有个性差异的员工形成合力,实现共同目标,就要建立规章制度,实现以人为本的管理,打造出一支优秀的团队,可以说,品牌后面必定有一支优秀的团队和卓有成效的管理体系。佛山市图书馆公益讲座从过去每月一场到现在每星期一至两场,而且坚持不懈努力十三年,在"南风讲坛"品牌下有着一支跨部门协同工作的团队,有主要承担"南风讲坛"的策划、选题和联络的办公室工作人员,有负责接待主讲人的后勤工作人员,有场地管理的读者服务部工作人员,还有讲座的主持人以及后期讲座资源制作的技术部人员。只有通过科学有效的管理团队,使团队的成员从意识、思想到行为达到完全统一,图书馆才能有效地塑造出讲座品牌形象。

品牌核心文化即品牌文化的精神,它主要是指单位在长期品牌发展过程中形成的理念,它渗透在品牌的一切活动之中,是品牌文化的灵魂、核心。品牌核心文化也可以称为品牌理念文化,它对内层和外层文化的变化和发展起主导作用,能对单位员工乃至社会公众产生持久的影响。单位理念是一个整体性的概念,它以单位的价值观为基础,以单位组织系统为依托,以单位员工的群体意识行为为表现,形成一个单位特有的管理和服务风格。单位理念系统主要包括单位价值观、单位精神、单位使命即单位目标等内容。就建立公益讲座品牌核心文化来说,其实就是图书馆所要把握的理念:开办公益讲座不仅仅是一项图书馆的服务活动,应该是以传播文明为图书馆的社会责任;以实现崇尚知识,弘扬文化,加强社会全民阅读为目标;以构建公共文化服务体系,开展公共文化服务,保障公民文化权益的高度来推动图书馆公益讲座的发展。

(二)培育公益讲座品牌市场

品牌不同于一般的产品或服务,它拥有较高的美誉度和消费者对品牌的忠诚度。品牌美誉度是指消费者对品牌的品质认知和喜好程度。它是消费者对产品或服务使用后的直接认知,它是品牌资产的主要指标之一。品牌的忠诚度是指消费者由于对品牌的偏好而长时间内产生的重复消费倾向,它也是品牌资产中最重要的部分。因此,图书馆公益讲座要成为一项公共文化服务品牌,必须去培育公益讲座的市场,逐步让公益讲座成为有影响力的社会服务活动,提升公益讲座自身的美誉度和听众对讲座的忠诚度。

1.引导市民,聆听讲座,营造讲座的文化氛围

公益讲座的发展是一渐变的过程,经历着从无到有,从小到大,从浅入深的发展过程。在举办讲座初期,图书馆可以从市民的日常生活入手,选题切合市民日常生活所关心的事情,如健康、理财、教育、旅游等热门话题,让市民感到公益讲座与他们的生活息息相关,让他们从体验出发,抱着试试的心态,来感受公益讲座的魅力,来接受这一新的知识传播方式。市民对公益讲座需经历从体验、感知、亲近、依赖这样一个认识过程,这也是公益讲座品牌培育的过程。在讲座创办初期,图书馆可以就地邀请本地一些名人、专家来主讲,一来可以降低讲座开办初期的成本;二来可以利用熟人效应,缩小讲座与市民之间的距离,让市民感到讲座的亲切感和凝聚力。佛山市图书馆在 1995 年举办公益讲座之初,就利用了本地化的策略,利用佛山的名人、名家推出系列文学讲座,市民反响热烈。随着公益讲座有了一定的知名度和忠实的听众群,图书馆可以在选题上下工夫,可以选取社会的热点问题、学术问题进行专题化或系列化开设讲座;在讲座师资聘请上,可以向外扩张,邀请有影响力的学者、专家来讲坛讲课,这样可以进一步扩大讲座的影响力,维护读者对讲座的忠诚度,还可以让读者在讲座中开阔视野,获得更多的知识、更大的收益。由于佛山市图书馆多年来积累了丰富的讲座师资资源,同时为了提升"南风讲坛"的品位,多次策划系列讲座,陆续推出了如"认识中国系列"、"鲁迅系列"、"认识佛山"、"影像可可西里系列"、"倾听女性系列"、"粤剧知识与欣赏系列"、"文化东方系列"等诸多专题的讲座。2007—2008 年上半年又举办了以高校学者为主讲人的武汉大学珞珈山系列、南开大学历史系列等讲座。由此可见,实现听众满意,赢得听众信任,改变图书馆与听众的服务与被服务关系为互动双赢的关系,都是提升公益讲座品牌忠诚度和美誉度的策略,使讲座品牌得以延续和持久。

2. 从大众讲座到精英讲座,形成多元化系列讲座

讲座是很好的一种公众文化服务活动,深受市民喜爱,特别是当公益讲座成为当地一种文化品牌时,讲座更是受听众追捧。此时,讲座还是单一的面向大众的普及型讲座,或者是完全学院派的学术讲座,这显然已不适合众多的市民对讲座的要求,也不符合品牌发展及管理的原则,衍生和系列化是品牌创新发展的内容。由于众多的听众群体来自不同的领域,拥有不同的文化背景,同时,不同年龄阶段的听众群爱好、关注的热点都不尽相同,要使公益讲座产生更好的社会效益,就必须走多元化的道路。面对不同的市民群体,开设不同的讲座,面对不同的读者需求,采用不同的讲座形式。如面对普通大众举办一些知识性及科普性的大众讲座;面对具备一定知识背景的听众,举办一些思想性、探索性和学术性的精英讲座。面对固定的听众群体,采用定时举办的阵地讲座形式;面对学校、企事业单位、部队及社区采用流动讲座形式。在公益讲座系列中,佛山市图书馆针对业余学习的打工阶层和学生,开设了传统文化系列讲座,持续时间最长、密度最大的当数佛山科学技术学院退休教师余福智先生一直义务主讲的总题为《中华文化传统》的系列讲座,包括《中华元典》《唐诗》《宋词》《古文选》以及正在进行中的《论语选》,每两个星期一场,从开始至今,已坚持了十年。

3. 宣传推广,扩大公益讲座的品牌知名度

公益讲座要成为文化品牌,除了做好讲座的服务外,应该注重宣传推广,扩大讲座的影响力和知名度。在宣传推广中,图书馆应立足于阵地宣传,利用公共图书馆所处的优越的地理环境和大量的读者资源,开展针对讲座内容、讲座信息、主讲人介绍的宣传和推介。利用与媒体合作的方式,依靠电视、电台、报纸三大传统媒体的力量,开展公益讲座强势宣传,形成公益讲座宣传浪潮。利用互联网上的地方论坛及图书馆网站、地方网站、文化网站、地方门户网站等宣传推广也是公益讲座提升社会知名度的好方法,它不受时间和地域限制,可以无限传播。利用手机终端针对特定的用户群发送公益讲座短信,指向性

强,接受度高,是讲座宣传推广最有效的方法。

口碑相传是品牌宣传的另一种重要形式。加快品牌的扩散过程,让消费者跟随品牌,其中有效的方法就是充分调动舆论领袖的积极性。所谓舆论领袖是指经常影响他人态度与行为的人士。舆论领袖擅长口头传播,一传十,十传百,从而加快品牌的扩散过程,此外,舆论领袖与普通市民关系贴近,他们间接传播比媒体的直接传播更令人信服,从而缩短了品牌扩散的时间。对于图书馆来说,在举办一些知名的学者、专家主讲的讲座时,应尽可能邀请到领导、本地有声望的人士、记者等来参加,当他们聆听了一场精彩的讲座后,便会成为图书馆讲座的舆论领袖而发挥宣传推广讲座的作用,所以图书馆应巧妙地利用本地的舆论领袖作用来推动公益讲座的发展。在 2005 年,佛山市图书馆十年公益讲座得到时任市委书记的领导多次在全市会议上的表扬,佛山市文化名城建设品牌之一就是佛山市图书馆十年公益讲座。

(三)提升公益讲座服务

服务是一种无形的产品,服务质量是品牌质量的重要组成部分,是维系品牌与消费者关系的纽带。随着产品多样化程度加剧,打造优质的品牌服务体系,为消费者提供满意的服务已经成为企事业单位品牌战略的重要武器,可见提升服务,对于提升品牌的核心价值,保持品牌的活力具有决定性的作用。公益讲座是图书馆开展的一项社会服务,有些图书馆公益讲座开展得生机勃勃,成为当地文化品牌,正在发挥积极的公共文化服务作用,而有些图书馆公益讲座可能流于一种形式,平平庸庸,甚至成为图书馆一种负担,难以为继,二者的差异在于服务。创新服务是公益讲座品牌建设的源泉,多元化服务是公益讲座品牌建设的基础。

1.创新服务

创新服务就是利用新思想、新技术改善和变革现有的服务流程和服务项目,提高服务质量、水平、效率,扩大服务范围,更新服务内容,增加服务项目。由于社会竞争日益加剧,社会为消费者提供越来越多的服务产品,消费者对服务的选择越来越广泛,这加速了服务品牌的老化和优胜劣汰,因此创新服务是品牌生命的延续,只有创新服务,品牌才有活力,品牌才能延伸。

公益讲座是一种程式化的知识传播方式或者是社会阅读形式,即主讲人在图书馆开设讲座,一个主讲人在台上讲,几百名听众在台下听。尽管讲座内容包含了丰富的知识和大量的信息,但形式上还是单一的。在佛山市政府举办的"魅力佛山·2004 琼花粤剧艺术节"上,佛山市图书馆举办了 11 场粤剧知识系列讲座,其中第一场讲座在全国文物保护单位祖庙的古戏台上开讲,采用了主讲人边讲边表演的形式,生动有趣,把传统的粤剧文化,利用讲和演的方式通俗化、形象化地展现在听众面前,这就是讲座形式的创新。讲座还可以突破一位主讲人主讲的模式,采用几位嘉宾和一位主持人的访谈形式,或两位主讲人对话的形式,这些变化了的讲座形式在佛山市图书馆举办的"南风讲坛"中都采用过。服务创新在于提升服务的价值,为品牌实现增值服务。公益讲座为听众带来丰富的文化大餐,承担了传播文化、传递文明的社会责任,如何能更好地提升公益讲座的服务,利用讲座的优势和品牌效应,积极参加本地公共文化服务建设,构建公共文化服务体系,这就是讲座的服务创新,就是在提升公益讲座的服务。如在前面章节说到过,佛山市图书馆利用公益讲座品牌参加第七届亚洲艺术节活动,参加佛山市首届粤剧艺术节活动,这就是把图书馆的公益讲座活动提升到社会文化活动的层面。

2. 多元化服务

品牌延伸是指相关种类的若干系列产品可以拥有一个品牌。一项研究显示,过去十年来成功品牌有 2/3 是属于产品延伸,而不是新品牌上市。品牌延伸策略的好处是:(1)可以利用消费者长期积累形成的品牌认同和品牌偏好,不断推出新产品和新服务,使品牌寿命得以延续。(2)进一步扩大原品牌的影响与声誉,品牌延伸能增加该品牌的市场覆盖率,使更多消费者接受、了解该品牌,从而提高品牌的知名度。

公益讲座的多元化其实就是品牌延伸的具体体现,公益讲座多元化服务可以很好地解决讲座模式单一、受众面较窄、品牌易于老化和市民对讲座多元化的需求。公益讲座的多元化服务就是公益讲座的内容多样性和形式多元化。就公益讲座内容来讲,只要符合国家政策、法律所规定的一切知识内容都可以作为讲座的主题,上至天文地理,下至修行养性的知识。就讲座的形式来讲,有以图书馆为主的大众讲座、精英讲座;以学校、企事业、部队、社区为主的流动讲座;还有电视讲座、网络讲座、电子讲座等。就单场讲座来讲,图书馆可以根据主讲人的知名度和在业界的影响力,策划与讲座关联的签名售书活动、学术交流活动、主讲人电视访谈节目;同时,还可以根据讲座的主题,举办与讲座相关的展览活动。佛山市图书馆曾经与广州日报集团《看世界》杂志社举办过有关中东和平主题的讲座,并举办了相同主题的图片展览;与本地新华书店联合举办主讲人签名售书活动;另外也举办过主讲人与本地文化人士进行学术交流的活动。

三、公益讲座品牌的社会作用

公益讲座作为一个地方的文化品牌,能推动城市的文化建设,繁荣社会文化生活,促进社会阅读,促进和谐社会发展,同时,丰富公共文化服务内容,提高图书馆事业的社会影响力。公益讲座品牌是图书馆的无形资产,它能产生较好的社会效益,为文化事业大发展、大繁荣作出积极的贡献。

(一)公益讲座品牌的聚合力

在图书馆的努力和多年的积累下,讲座逐步做大做强,品牌的聚合力也就越来越大,许多社会资源在讲座品牌下进行聚集和整合,使讲座品牌拥有更多的社会资源可以利用,讲座的创新服务及多元化服务就能实现,讲座的品牌就能延伸和发展。公益讲座品牌的聚合力的作用表现在:

1. 聚集更多的市民成为讲座的忠实听众,且伴随着讲座的成长而成长,这些听众是讲座品牌的拥护者,也是宣传者,他们中间有些听众成为图书馆公益讲座的舆论领袖,积极为图书馆宣传推广讲座事业。

2. 聚集了一大批全国各地的专家、学者,他们是讲座的灵魂,是讲座的推动者。公益讲座师资队伍更是图书馆乃至当地文化建设的一笔财富。

3. 积累了各类讲座、各种专题的知识内容,这是图书馆获得的无价之宝,是图书馆知识传播的源泉。

4. 聚集社会各部门与图书馆合作,壮大讲座举办队伍,提高公共图书馆的社会地位。

(二)公益讲座品牌的文化竞争力

竞争力是指一个单位或一个产业相对于其他竞争对手而言,能够更加有效地向社会提供产品和服务,有更强的创造财富的能力,从而保持自身持续生存和发展的综合素质和能力。它具有显著的特性,如增值性,通过提高产品和服务的质量及效率,为单位带来显著的竞争优势。领先性,因为竞争力是单位核心竞争力的外在表现,带有鲜明的文化特征,不易被竞争对手模仿,能够较大程度地满足消费者需要,不仅是当前的而且包括未来潜在的需要,因此,它能使单位保持持续的竞争优势。创新性,有了创新,品牌才能充满活力,才能满足消费者多元化的需求,在不变中求新,不变的是品牌的质量和服务的效率,求新是服务内容的多样性和服务形式的多元化,这是品牌发展过程中的创新之道。整合性,在品牌搭建的平台上,聚集众多的社会资源、品牌文化、品牌团队,这些资源支持着品牌延伸和发展。公益讲座是公共文化服务品牌,它有着一般品牌竞争力所有的特性,它表现出的是一种社会文化竞争力:

1. 公益讲座可以成为一座城市建设文化名城的着力点之一,公益讲座营造的全民阅读的书香社会,更增添了城市的文化气息。

2. 公益讲座可以在建设公共文化服务体系,保障人民基本文化权益中发挥积极作用。加强公共文化服务体系建设,是推动社会文化大发展、大繁荣,提高国家文化实力的必然要求,也是满足人民群众日益增长的精神文化需求,更好地保障人民基本文化权益的重要途径。党的十六大以来,中央高度重视公共文化服务体系建设,先后下发了一系列指导性文件,各地政府正在积极推进地方公共文化服务体系建设。公益讲座的宗旨是传播知识、传递文明,讲座面向社会广大群众,由于讲座举办成本低,讲座服务公益性,服务形式多样化,讲座易普及,受众广,它深受广大群众喜爱,因此,它必将成为地方公共文化服务体系建设的重要内容之一。

3. 听公益讲座可以成为人们日常生活的一部分。公益讲座作为图书馆一项社会服务活动,可以长期坚持举办,由于它的公益性、知识性和长久性,听讲座成为百姓文化生活的一部分成为可能,而听音乐会、看电影不可能成为百姓文化消费习惯,它受到成本、时效性和喜好的限制,大多数人只是偶尔为之。

(三)提高图书馆的影响力

图书馆在一般市民眼中,无非就是借还书的地方,借书还书就是图书馆的一切。现代图书馆已完全超越了传统图书馆的服务理念和模式,许多新技术、新服务方式都在图书馆得到利用,但许多新的服务、新的功能没有被市民认识,主要还是没有形成品牌,没有吸引市民来关注图书馆、认识图书馆。公益讲座可以成为图书馆社会服务新的增长点,可以成为图书馆社会服务的品牌。上海图书馆讲座自 1978年开办"大型宏观信息"系列讲座以来,逐步成为"学习型城市"中一道亮丽的"知识风景"。近年来,伴随着全社会"讲座热"的兴起,上图讲座更诞生了"都市文化"、"名家解读名著"、"2010 年上海世博会"、"上海发展讲坛"、"世界与上海"、"信息化知识"、"知识与健康"等系列化的讲座和"法律知识"、"市民与法"、"院士讲坛"、"国际科学家讲坛"、"青年讲坛"、"学生讲坛"、"新世纪论坛"等一大批的新兴品牌讲座。讲座品牌是图书馆的无形资产,它可以使图书馆服务提升和形象增值,提高图书馆在当地的社会影响力。公益讲座品牌的聚合力和文化竞争力可以改变人们对图书馆的肤浅认识,可以树立图书馆新形象,可以提升图书馆社会地位;图书馆可以在公益讲座品牌搭建的平台上广泛地与社会各部门合作,开拓新的服务领域和服务项目。同时，在公益讲座品牌发展中，可以锻炼和打造出一支精干的图书馆服务团队，可以变革图书馆内部管理，从服务项目管理到品牌管理，从人事管理到团队管理，可以利用讲座品牌服务带动图书馆服务向基于读者对象服务发展，使图书馆社会服务做得更精细，更到位，更有效。

附　录

一、全国部分公共图书馆特色讲座一览

北京市：

1.中国国家图书馆　国图讲座系列

◆ 翻译文化系列讲座

◆ 国家图书馆文津讲坛

◆ "中国古典诗词析读"系列讲座

◆ "国际知识与中国外交"系列讲座

◆ 中国典籍与文化系列讲座

◆ 艺术家论坛系列讲座

◆ 教育家论坛系列讲座

◆ 科学家论坛系列讲座

◆ 文津读书沙龙

（http：//www.nlc.gov.cn/GB/channel1/index.html）

2. 首都图书馆　首图讲坛

◆乡土课堂系列讲座

◆首图健康课堂

◆美的巡礼系列讲座

（http：//www. clcn. net. cn/）

3. 北京市东城区图书馆　公益讲座

（http：//www. bjdclib. com/）

4. 北京市西城区图书馆　公益讲座

（http：//www. xcdl. com. cn/）

5. 北京市崇文区图书馆　崇图讲坛

（http://bjcwlib. cwi. gov. cn/sub/index. jsp）

6. 北京市朝阳区图书馆　公益讲座

（http：//www. cylib. cn/）

7. 北京市海淀区图书馆　公益讲座

（http：//www. hdlib. net/）

上海市：

1. 上海图书馆　上图讲座

（http：//www. library. sh. cn/jiang/）

2. 上海市宝山区图书馆　宝山市民讲座

（http：//www. bslib. org. cn/）

3. 上海市徐汇区图书馆　公益讲座

（http：//www. xhlib. net/）

天津市：

1. 天津市图书馆　文化大讲坛

（http：//www. tjwh. gov. cn/shwh/whjz/wenhuajiangzuo. html）

2. 天津和平区图书馆　和图讲坛

（http：//www. tjhpl. com/）

3. 天津市河北区图书馆　公益讲座
（http：//www.tjhblib.cn/）

重庆市：

1. 重庆市图书馆　重图讲座
（http：//www.cqlib.cn/lib/index.jsp）

河北省：

1. 石家庄市图书馆　教育讲座
（http：//www.sjzlib.cn/）
2. 邯郸市图书馆　讲座培训
（http：//www.sztsg.net/）

山西省：

1. 山西省图书馆　文源讲坛
（http：//lib.sx.cn/）
2. 大同市图书馆　平城讲坛
（http：//www.dtlib.com.cn/）

辽宁省：

1. 辽宁省图书馆　辽图讲座
（http：//www.lnlib.com/srzc/ltjz/）

2. 大连图书馆　白云书院
（http：//www.dl－library.net.cn/baiyun/index.html）

3. 沈阳市图书馆　公益讲座
（http：//www.sylib.net/）

吉林省：

1. 吉林省图书馆　省图讲座
（http：//www.jlplib.com.cn/）
2. 长春市图书馆　城市热读系列讲座
（http：//www.lib.cc.jl.cn/）

黑龙江省：

1. 黑龙江省图书馆　龙江讲坛
（http：//dx.hljlib.cn/newstsg/jzpx/）
2. 哈尔滨市图书馆　哈尔滨讲坛
（http：//www.hrblib.net.cn/jiangtan/index.asp）

江苏省：

1. 南京图书馆　南图讲座
（http：//www.jslib.org.cn/njlib_hdtg/njlib_jz/）
2. 金陵图书馆　金图讲坛
（http：//www.jllib.cn：8080/a/lecture/）
3. 苏州独墅湖图书馆　湖畔论坛
（http：//www.sdll.cn/html/jiangzuozhanlan/index.html）
4. 苏州图书馆　苏州大讲坛
（http：//djt.szlib.com/sztsg/djt/djt_index.aspx）
5. 无锡市图书馆　东林学习讲坛
（http：//www.wxlib.cn/lanmu/falv/donglin.htm）
6. 常州市图书馆　公益讲座
（http：//www.czlib.net/duzheyuandi/zhanlanjiangzuo/）

194

7. 常熟市图书馆　市民课堂(周末讲座)

（http：//www. cslib. cn/sm/）

8. 泰州市图书馆　凤城讲坛

（http：//www. tzlib. com/fcjtinfos. asp）

浙江省：

1. 浙江图书馆　文澜讲坛(原名为假日讲坛,2004 年 7 月,正式更名为文澜讲坛)

（http：//www. zjlib. net. cn/）

2. 杭州图书馆　文澜讲堂

（http：//www. hangtu. com/）

3. 宁波市图书馆　天一讲堂

（http：//202. 107. 212. 146/homepage/specialty/tyjt/index. php）

4. 温州市图书馆　温图讲座

（http：//www. wzlib. cn/wtjz/）

5. 绍兴图书馆　越州讲坛

（http：//library. sx. zj. cn/）

福建省：

1. 福建省图书馆　闽图讲坛

（http：//www. fjwh. net/jthc/）

2. 厦门图书馆　知识讲座

（http：//www. xmlib. net/dzyd/zsjz/index. htm）

3. 泉州图书馆　温陵讲坛

（http：//www. qzlib. com. cn/wljt. asp）

江西省：

1. 江西省图书馆　名家论坛

（http：//www. ndcnc. gov. cn/libportal/main/libpage/mjjt/index. htm）

山东省：

1. 山东省图书馆　大众讲坛

（http：//www. sdlib. com/library/CourseWebServlet？reqCode = index）

2. 济南市图书馆　泉州讲坛

（http：//www. jnlib. net. cn/）

3. 烟台市图书馆　市民大讲堂

（http：//www. ytlib. sd. cn/）

河南省：

1. 河南省图书馆　世纪论坛

（http：//www. henanlib. gov. cn/）

2. 洛阳市图书馆　洛图讲坛

（http：//www. lylib. gov. cn/head. htm）

湖北省：

1. 湖北省图书馆　鄂图讲座（名家讲坛 精英论坛 荆楚讲坛 大家讲坛）

（http：//hbgxgc. library. hb. cn/Article/etjz/Index. htm）

196

2. 武汉市图书馆　名家论坛

（http：//www.whlib.gov.cn/）

3. 荆州市图书馆　专题讲座

（http：//www.jzlib.org.cn/）

4. 黄石市图书馆　公益讲座

（http：//www.hslib.gov.cn/hslib/01/main06/）

湖南省：

1. 湖南省图书馆　湘图讲坛

（http：//www.library.hn.cn/dzhd/xtjz/index.htm）

2. 株洲市图书馆　文化讲坛

（http：//www.zzlib.net/Academic/）

3. 湘潭市图书馆　公益讲座

（http：//www.xtlib.com/lm.asp？sort=19）

广东省：

1. 广州图书馆　广州文化讲坛、羊城学堂、广州讲坛

（http：//www.gzlib.gov.cn/exhibition/huodong/jiangzuo/jiangzuo_index.do）

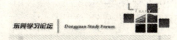

2. 东莞图书馆　东莞学习论坛［市民学堂和周末讲座（财富内容）两个系列］

（http：//www.dglib.cn/index.html）

3. 珠海图书馆　珠海文化大讲堂

（http：//www. zhlib. com. cn/zhcfyg. asp）

4. 深圳市图书馆　市民文化大讲堂、公民法律大讲堂

（http：//www. szlib. gov. cn/garden_res. jsp？cid＝54）

5. 中山市图书馆　香山讲坛

（http：//www. zhongshan－lib. com. cn/）

6. 佛山市图书馆　南风讲坛

（http：//www. fslib. com. cn/）

广西壮族自治区：

1. 广西图书馆　八桂讲坛

（http：//www. gxlib. org. cn/bgjt/2ji/jj/2jijj. html）

2. 南宁市图书馆　绿城讲坛

（http：//www. nnlib. com/）

3. 桂林市图书馆　桂海讲坛

（http：//www. gll－gx. org. cn/ghjt/index. htm）

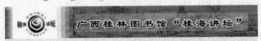

四川省：

1. 成都图书馆　金沙讲坛

（http：//www. cdclib. org/website/web/LectureInfo/ChairInfo. aspx）

2. 成都市金牛区图书馆　社区公益大讲台

（http：//www. jnlib. org/rostrum. asp）

3. 攀枝花市图书馆　攀枝花讲坛

（http：//www. pzhlib. gov. cn/）

4. 乐山市图书馆 三江讲坛

（http：//www.lstsg.org/）

贵州省：

1. 贵州省图书馆 公益讲座

（http：//www.gzlib.com.cn/）

陕西省：

1. 陕西省图书馆 陕图讲坛

（http：//www.sxlib.org.cn/）

甘肃省：

1. 甘肃省图书馆 周末名家讲坛

（http：//www.gslib.com.cn/zmmjjt.htm）

2. 兰州市图书馆 金城大讲堂

（http：//www.lzlib.com.cn/jcdjt.htm）

安徽省：

1. 安徽省图书馆 新安百姓讲坛

（http：//www.ahlib.com/）

青海省：

1. 青海省图书馆 历史文化知识讲座

（http：//www.bj12hs.com.cn/library/521.htm）

山西省：

1. 山西省图书馆 文元讲坛

（http：//lib.sx.cn/）

内蒙古自治区:

1. 内蒙古图书馆 内图讲座
（http：//www. nmglib. com/home/index. asp）

新疆维吾尔自治区:

1. 乌鲁木齐图书馆 文化讲坛
（http：//www. wllib. com/）

宁夏回族自治区:

1. 宁夏图书馆 公益讲座
（http：//www. nxlib. cn/）

海南省:

1. 海南省图书馆 海图讲座
（http：//www. hilib. com/）

香港:

1. 香港公共图书馆 专题讲座
（http：//www. hkpl. gov. hk）

澳门:

1. 澳门中央图书馆 专题讲座
（http：//www. library. gov. mo/cn/index. aspx）

二、佛山市图书馆 2007—2009 年部分公益讲座活动列表

主题	主讲嘉宾	时间
2007 年度		
"佛山/琭珈山：市民与学者对话"系列讲座之八：中国是如何成为世界人口超级大国的(一)	李工真教授(武汉大学哲学院教授)	2007 – 01 – 05
"佛山/琭珈山：市民与学者对话"系列讲座之八：中国是如何成为世界人口超级大国的(二)	李工真教授(武汉大学哲学院教授)	2007 – 01 – 06
科学、哲学与宗教的关系	赵林教授(武汉大学哲学院教授)	2007 – 03 – 09
"佛山/琭珈山：市民与文学家对话——文学智慧与人生"系列讲座之十：当代人的"清史情结"	樊星教授(武汉大学哲学院教授)	2007 – 03 – 16
"佛山/琭珈山：市民与文学家对话——文学智慧与人生"系列讲座之十一：四大小说名著中的阴阳失调现象	陈文新教授(武汉大学哲学院教授)	2007 – 03 – 23
唐宋词与 MTV	王兆鹏(武汉大学哲学院教授)	2007 – 03 – 30
身体与政治——关于余华的《兄弟》(上)和东西的《后悔录》	张洁(当代女作家)	2007 – 04 – 06
从新时期文学到新世纪文学	於可训(武汉大学哲学院教授)	2007 – 04 – 13
弘扬礼仪文化 建设和谐社会	李荣建(武汉大学哲学院教授)	2007 – 04 – 20

续表

主题	主讲嘉宾	时间
"封建社会"再认识	冯天瑜(武汉大学哲学院教授)	2007 – 04 – 27
营养与健康	潘文松主任(佛山市第一人民医院医师)	2007 – 05 – 11
国家战略能力与大国博弈	张文木(中国学界鹰派人物)	2007 – 05 – 18
国民素质与民族精神	龙协涛教授(《北京大学学报》哲学社会科学版主编,教授)	2007 – 05 – 23
教育孩子首先不要输在家庭教育上	顾晓鸣(复旦大学历史系旅游学系教授、博士生导师)	2007 – 06 – 01
拥有内在(心灵)生活	周国平(著名学者、武汉大学哲学院教授)	2007 – 06 – 08
关于制定和实施《物权法》的若干问题	王轶教授(中国人民大学法学院副院长)	2007 – 06 – 09
航母与中国的海权战略	倪乐雄教授(时事评论员)	2007 – 06 – 15
创新发展与世界前沿	丁建明教授	2007 – 06 – 22
佛山城市化:预警与调适	张喜平教授(佛山科技学院教授)	2007 – 06 – 29
孩子恋网怎么办?	罗新安(教育心理专家)	2007 – 07 – 06
《德国乡镇图书馆》之行	曲义华(佛山市禅城区图书馆馆长)	2007 – 07 – 12
集体腐败:预防与惩治	傅江景教授(经济学教授、研究生导师)	2007 – 07 – 13
中国社会与中国男人形象调查报告	张结海研究员(上海社会科学院社会学所心理学教授)	2007 – 07 – 20

主题	主讲嘉宾	时间
"双核动力"——圆梦的学习动力	张小波先生(著名教育专家)	2007 – 07 – 27
《理财一生、财富人生》——家庭投资理财新观念	高锦辉先生(著名理财师)	2007 – 08 – 03
《别把股市当菜市》——我们应该如何投资	赵迪先生(畅销书《基金经理》作者)	2007 – 08 – 10
"倾力打造 100 岁工程"——《关于生命的保养》健康讲座	罗汉先生、张海山教授(健康专家)	2007 – 08 – 17
"人民币升值"与"大牛市"的背后	卢周来博士(经济学家)	2007 – 08 – 24
《由诗歌的欣赏进入朗诵》	朱子庆先生、马莉女士(诗人)	2007 – 08 – 31
中国国防战略的回顾与展望	马鼎盛先生(著名节目主持人、时事评论员)	2007 – 09 – 07
我的物业我做主	刘兴桂教授(广东商学院教授)	2007 – 09 – 28
心理环保与成功人生	张亚芬教授(佛山党校教授)	2007 – 10 – 12
对外开放与国家经济安全	江涌博士(著名经济学家)	2007 – 10 – 19
纪实手法:纪录片开始说人话	郭际生先生(剧作家、影评人)	2007 – 10 – 26
党的十七大与民生新政	张喜平教授(佛山科技学院教授)	2007 – 11 – 02
中国禅宗六祖慧能生平和思想	林有能先生(广东社科院教授)	2007 – 11 – 09
美国大选与中美关系	袁鹏博士(时事评论员)	2007 – 11 – 16
党的十七大与个人资产分配新模式	阙鸾峰博士(著名经济学家)	2007 – 11 – 23
党的十七大与中华民族复兴	许剑波博士(深圳党校教授)	2007 – 11 – 30

续表

主题	主讲嘉宾	时间
树立环境伦理观,建设生态文明	夏北成教授(中山大学环境科学系教授)	2007 – 12 – 07
当前价格走势与风险防御	鲁宁先生(著名经济学家)	2007 – 12 – 14
极地与环保	(香港)李乐诗女士(探险家、环保人士)	2007 – 12 – 16
二十一世纪,谁主导中东	殷罡先生(时事评论员)	2007 – 12 – 21
对传统文化与现代化的反思	邓晓芒教授(武汉大学哲学院教授)	2007 – 12 – 28
2008 年度		
从《色戒》说到张爱玲的小说	黄修己教授(中山大学中文系教授)	2008 – 01 – 04
如何防治高尿酸血症与痛风	陈国强先生(佛山市第一人民医院风湿免疫科主任)	2008 – 01 – 18
怎样走好人生路——谈谈吕不韦、李斯和范蠡	孙立群教授(南开大学历史学院教授)	2008 – 02 – 29
明主治吏不治民	胡宝华教授(南开大学历史学院教授)	2008 – 03 – 07
成吉思汗——在中国的最南方说北方的草原英雄	王晓欣教授(南开大学历史学院教授)	2008 – 03 – 14
略谈皇帝崇拜文化心态	冯尔康教授(南开大学历史学院教授)	2008 – 03 – 21
盛世危言:郑观应在近代中国敲响警世钟	侯杰(南开大学历史学院教授)	2008 – 03 – 28

204

主题	主讲嘉宾	时间
寻找一本书	樊星教授(文学博士,武汉大学文学院博士生导师)	2008 - 04 - 11
文人官司一脑门	祝晓风博士(中国外文局、中国国际出版集团主任编辑,新世界出版社宣传策划总监)	2008 - 04 - 18
缤纷的脸谱——历史中国读书传统解读	袁逸教授(浙江图书馆研究馆员,学术委员会主任)	2008 - 04 - 26
读书与藏书——从市民的家庭藏书说起	柯平教授(南开大学商学院教授)	2008 - 04 - 26
禅的人生境界	邱紫华教授(华中师范大学东方美学与文化研究所所长,华中师范大学文学院教授、博士生导师)	2008 - 05 - 09
永远的东坡	莫砺锋教授(南京大学中文系教授、博士生导师,兼任教育部社会科学委员会委员、教育部高校文化素质教育指导委员会委员、教育部中文学科教学指导委员会委员)	2008 - 05 - 16
我们走在大路上:中国改革三十年的道路	黄纪苏先生(社会学家、剧作家)	2008 - 05 - 23
现代家庭教育子女的特殊问题及对策	大山老师(广州周弘教育文化有限公司副总经理,赏识教育培训学校总校长)	2008 - 05 - 30
现代礼仪与职业形象塑造	李荣建(武汉大学教授,我国著名礼仪学专家)	2008 - 06 - 06

主题	主讲嘉宾	时间
从"抗震救灾"看非战争军事行动	宋晓军(《舰船知识》杂志网络版主编,清华大学国际传媒中心的特约研究员)	2008 – 06 – 21
老子其人其书	郭沂教授(中国社会科学院哲学研究所研究员、研究生院教授,兼任国际儒学联合会学术委员会副主任和多所大学兼职教授)	2008 – 06 – 27
什么是真正的大爱大善	李昌平先生(河北大学中国乡村建设研究中心主任研究员)	2008 – 07 – 04
近现代书法艺术赏析	都本基先生(中央书画研究院院士,民革中央书画院理事,中国著名书画家、国画家)	2008 – 07 – 06
徘徊在传统与现代之间的女性	秦方博士(南开大学历史学院硕士,美国明尼苏达大学历史学博士)	2008 – 07 – 11
中国小说的几个关键词	刘醒龙先生(中国作家协会全国委员会委员,湖北省作家协会副主席,武汉市文联副主席)	2008 – 07 – 18
职业女性的生命历程	候杰教授(南开大学历史学院中国近代史教研室主任、教授、博士生导师)	2008 – 07 – 25
奥林匹克精神和奥运会歌曲	龙协涛教授(中国作家协会会员,中国人文社会科学学报学会理事长,编审、教授)	2008 – 08 – 01

主题	主讲嘉宾	时间
换位思考与阳光心态	方明老师(佛山市骨干教师,佛山市第十三届人大代表,南海区高中语文中心备课组成员)	2008 – 08 – 29
我看佛山 30 年	杨望成(经济学博士,佛山科学技术学院经济管理学院副院长) 龙建刚(资深时事评论员,佛山电视台《话龙点睛》节目主持人) 马志良(资深历史学者,珠江商报采编副总监)	2008 – 09 – 05
反思中国教育改革开放 30 年	杨东平教授(北京理工大学教育科学研究所所长、教授、博士研究生导师,中国陶行知研究会常务副会长,民间环境保护组织"自然之友"会长)	2008 – 09 – 12
当前中国经济形势和经济安全	张宏良教授(中央民族大学教授、证券研究所主任)	2008 – 09 – 19
当代中国人的精神生活	许纪霖教授(华东师范大学历史系教授、博士生导师)	2008 – 09 – 26
生活方式与肿瘤的关系——癌症只是一种慢性病	何裕民教授(上海中医药大学教授、博士生导师,中华医学会心身医学会主任委员)	2008 – 10 – 10
华尔街"飓风"对中国经济的影响	江涌博士(经济学博士,中国现代国际关系研究院经济安全研究中心主任)	2008 – 10 – 17

续表

主题	主讲嘉宾	时间
科学着装，魅力人生	赵丹女士（广州市君仪形象管理顾问公司资深形象顾问）	2008 – 10 – 24
信用坍塌与女娲补天	杨望成教授（经济学博士，佛山科技学院经济管理学院副教授、副院长）	2008 – 10 – 31
我们和我们的儿女们	梁晓声教授（当代著名作家，任教于北京语言大学人文学院汉语言文学专业）	2008 – 11 – 07
当前台湾岛内政治及台海局势的发展	庞中英教授（中国当代著名的国际政治学者之一，现为中国人民大学国际关系学院国际政治教授、博士生导师）	2008 – 11 – 14
中国早期电影（1920—1930 年代）的黄金时代	袁庆丰教授[文学博士，现为中国传媒大学（原北京广播学院）教授、电影学专业硕士生导师]	2008 – 11 – 21
阅读法家——黄老哲学与法家思想	王晓波教授（台湾大学哲学系教授，兼任北京联合大学台湾研究院客座教授、厦门大学国学院客座教授）	2008 – 11 – 28
阅读墓志铭：历史上中国人的幽冥文化	卢建荣教授（台湾文化大学史学系专任教授）	2008 – 12 – 05
现代化的"围城"及其超越	欧阳康教授（华中科技大学党委常委、党委副书记）	2008 – 12 – 12

主题	主讲嘉宾	时间
基因、健康与事业	李东成教授(广东科技干部学院客座教授,广州高德置地集团培训导师)	2008－12－19
助你领导事业更加成功——领导艺术与领导者素质构成	张建国教授(佛山科学技术学院经济管理学院教授,专业研究方向为人力资源管理)	2008－12－26
2009 年度		
文化与人格	柯汉琳(华南师范大学文学院文学教授、院长)	2009－03－06
童话和生活	梅子涵(儿童文学作家,上海师范大学中文系教授)	2009－03－13
陈独秀与中国现代思想文化	胡明(中国社会科学院文学研究所研究员)	2009－03－27
《老子》二题	王蒙(著名作家,原国家文化部部长)	2009－03－16
如何阅读现代文学经典	陈思和(教育部"长江学者"特聘教授,教育部高等学校教学名师,复旦大学中文系教授、博士生导师)	2009－04－10
人性神性之间的困惑与徘徊——《红楼梦》对佛教文化的哲学解读	麻天祥教授(专治中国学术思想史,1995 年起任中国近代学术史博士生导师,并担任湖南师大历史研究所所长)	2009－04－17

续表

主题	主讲嘉宾	时间
日本侵华战争的遗留问题——以"慰安妇"为中心	苏智良(上海师范大学教授、博士生导师,教育部人文社会科学基地上海师范大学都市文化研究中心副主任、人文与传播学院常务副院长)	2009 – 04 – 24
寻找创造力——对中国当代文化的批判和反思	袁国兴(文学博士,先后在东北师范大学、哈尔滨师范大学、吉林大学等校任职,现为华南师范大学文学院教授、博士生导师)	2009 – 05 – 08
崛起大国的制胜之道	王小东先生(著名学者,当代民族主义代表人物,中国青少年研究中心研究员)	2009 – 05 – 15
漫谈梅兰芳	邹元江(哲学博士,武汉大学哲学学院教授、博士生导师,武汉大学艺术学系教授、博士生导师,武汉大学文学院教授、博士生导师)	2009 – 05 – 22
用声音发现自己	素黑(香港及大陆著名心性治疗师、作家及演说家,心灵启迪者,香港中文大学文化研究硕士,美国催眠治疗学会会员)	2009 – 06 – 05
急性上呼吸道感染的防治知识	罗志扬(呼吸内科主任、内科主任医师,现任中华呼吸学会佛山分会副主任委员)	2009 – 06 – 12

続表

主题	主讲嘉宾	时间
关注军事大国化的日本动向	金灿荣(当代中国国际关系领域专家,中国人民大学国际关系学院副院长、教授、博士生导师,中国人民大学国究中心学术委员会主任,中国人民大学美国研究中心副主任)	2009 – 06 – 19
如何让孩子成为学习的志愿军	大山(资深教育人,中国陶行知研究会赏识教育研究所常务副所长)	2009 – 06 – 26
话说长征——长征路上鲜为人知的故事	陈泽华(广州军区政治部编研室处长,中国作家协会会员,广东省书法家协会会员)	2009 – 07 – 03
内外兼修说礼仪	孙玲玲女士(中山大学管理学院、广东省公关协会及瑞士 SGS 论证机构特聘讲师)	2009 – 07 – 10
当前宏观经济情况和未来走向	成建三(广东省社会科学院宏观经济研究所副所长,在宏观经济研究所主要负责对外应用型课题研究工作)	2009 – 07 – 17
周易其书及占筮方法	王三山(知名文化学者,武汉大学信息管理学院副教授,中国图书馆协会阅读文化研究委员会委员,湖北素质教育研究会理事)	2009 – 07 – 31

主题	主讲嘉宾	时间
国学与国术	马明达（暨南大学华侨华人研究院教授、博士生导师，兼任西北民族大学历史系、华南师大体育科学学院、西北师大体育学院、广州体育学院客座教授）	2009 – 08 – 07
演讲改变命运，口才成就未来	颜永平（中国演讲与口才协会副会长，北京演讲家文化传播中心秘书长，北京演讲学会副会长兼秘书长等70多个社会职务）	2009 – 08 – 14
统一台湾是中国参与世界事务的资格认证书	张文木博士（北京航空航天大学问题战略研究所研究员）	2009 – 08 – 21
老舍之死的真相	傅光明教授（中国现代文学馆研究员，复旦大学中国语言文学博士后）	2009 – 08 – 28
让良好的心理状态提升你的学习能力	赵长江（佛山市第三人民医院心理科副主任医师，从事心理咨询、心理治疗与精神科工作近三十年，先后担任医生组长、科副主任、科主任、业务副院长等职务）	2009 – 09 – 04
中外生死智慧与儒学的生死观	郭齐勇（哲学博士，武汉大学哲学学院教授、博士生导师）	2009 – 09 – 11
世界功夫电影奇观——吉尼斯纪录"百部黄飞鸿电影"的百年传播与影响	姚朝文（文学博士，世界华文微型小说研究会理事兼学术部主任）	2009 – 09 – 18

主题	主讲嘉宾	时间
危机挑战下广东企业家的转型与升级	李阳春教授(广东省工商业联合会副主席、省总商会副会长、中国民营经济研究会常务理事,全国工商联执行委员,企业法律顾问,广东商学院客座教授)	2009 – 09 – 25
成功者的德商·智商·情商	蔡朝东教授(历任昆明军区文化处副处长,云南省新闻出版局工会任副主任,昭通地区大关县县委副书记、县长,中共云南省委宣传部文明办副主任)	2009 – 10 – 09
中国疆域的形成和现状	葛剑雄教授(著名文化学者,历史学家,博士生导师,现任复旦大学图书馆馆长、中国历史地理研究所教授、校务委员会委员)	2009 – 10 – 23
计白当黑,处处见机锋——中国书法与中国哲学	郝庆祥教授(东南大学现代书画研究所教授,江苏省书画艺术研究会会长)	2009 – 10 – 30
书是思想的交易	梁文道(香港著名传媒人)	2009 – 11 – 07
怎样使你的人生更精彩——重塑美的心灵	李燕杰教授(著名教育家、哲学家、书法家,共和国四大演讲家之一)	2009 – 11 – 14
珠宝的鉴赏与收藏	杨明星教授(我国著名珠宝鉴定专家,中国地质大学珠宝学院副院长、中国地质大学珠宝检测中心负责人)	2009 – 11 – 20

续表

主题	主讲嘉宾	时间
全球金融危机背景下的中美贸易摩擦	刘丰博士（南开大学周恩来政府管理学院国际关系讲师）	2009 - 11 - 27
神鬼显灵之后——民间文学的价值与澳门文学的基础	朱寿桐教授（文学博士，澳门大学中文系教授、系主任）	2009 - 12 - 04
制度创新与城市竞争态势	任剑涛教授（中国人民大学政治学系教授）	2009 - 12 - 18
圣诞夜，我们听音乐	满天澄教授（中国人民解放军南京政治学院军事新闻系教授）	2009 - 12 - 25

三、佛山市图书馆公益讲座活动掠影

儿童作家梅子涵教授讲座
"阅读童话世界"(2009)

哲学大师周国平教授讲座
"拥有内在生活"(2007)

阵地讲座现场

顺德区"读书节"中的
广场公益讲座特别节目

2004年"粤剧知识与欣赏系列
公益讲座"走上祖庙万福台
又讲又演

讲座结束后众多听众请
篆刻家孔平孙先生签名留念

215

原朝久先生与工作人员在切磋书法　　　　　　　亦师亦友：主讲人赠书

百场讲座座无虚席 十年建设精神家园（2005 年 1 月 19 日，《羊城晚报》）

图书馆公益讲座连开 10 年（2005 年 1 月 3 日《珠江时报》A2 版）

参考文献

[1] (以色列)阿丁·施坦泽兹诠释,张平译.伯特:犹太智慧书.北京:中国社会科学出版社,1996

[2] (美)戴维·波普诺著,李强等译.社会学(第十版).北京:中国人民大学出版社,1999

[3] (英)贾雷德·戴蒙德著,谢延光译.枪炮、病菌和钢铁:人类社会的命运.上海:上海世纪出版集团,2006

[4] (美)威廉·A·哈维兰著,瞿铁鹏、张钰译.文化人类学(第十版).上海:上海社会科学院出版社,2006

[5] 卡尔·雅斯贝尔斯.智慧之路.北京:中国国际广播出版社,1988

[6] 葛兆光.中国思想史第一卷:七世纪前中国的知识、思想与信仰世界.上海:复旦大学出版社,1998

[7] (英)西蒙·辛格.费马大定理:一个困惑了世间智者358年的谜.上海:上海译文出版社,1998

[8] 钱穆.国史大纲(修订本).北京:商务印书馆,1998

[9] D·莫利斯.裸猿.天津:百花文艺出版社,1987

[10] (英)戴维·伯姆.论对话.北京:教育科学出版社,2004

[11] 陈茂同.中国历代职官沿革史.天津:百花文艺出版社,2005

[12] 齐如山.中国的科名.沈阳:辽宁教育出版社,2006

[13] 杨布生、彭定国.中国书院与传统文化.长沙:湖南教育出版社,1992

[14] 李国钧.中国书院史·前言.长沙:湖南教育出版社,1994

[15] 谢国桢.明末清初的学风.北京:人民出版社,1982

[16] 白化文.汉化佛教与佛寺.北京:北京出版社,2003

[17] 李雾.吾讲斯美:近距离读美国.桂林:广西师范大学出版社,2007

[18] 薛涌.中国文化的边界.昆明:云南人民出版社,2006

[19] 蔡萍.国家图书馆举办讲座五十年回顾与思考.图书馆讲座与城市文化建设——全国图书馆讲座工作研讨会论文集,2005

[20] 金琪.学习型社会的"文化快餐":浙江图书馆《文澜讲坛》的启示.图书馆讲

座与城市文化建设——全国图书馆讲座工作研讨会论文集,2005

[21]张琰.打造居民的精神家园:浙江图书馆文澜讲坛·社区行动联盟宣传推广实践.图书馆讲座与城市文化建设——全国图书馆讲座工作研讨会论文集,2005

[22]吴蓉.厦门图书馆周末知识讲座综述.图书馆讲座与城市文化建设——全国图书馆讲座工作研讨会论文集,2005

[23]王世伟.图书馆讲座工作引论.图书馆学研究,2005(10)

[24]王世伟.论图书馆讲座的策划.河南图书馆学刊,2005(1)

[25]柯静.城市文化的风向标——谈"南风讲坛"的实践与创新.图书馆建设,2008(6)

[26]张娟,闫然.试论公共关系策划的几个问题.科技与经济,2006(2)

[27]何成.我型我塑——磨炼策划.南京:南京大学出版社,2006

[28]傅俊.公益性讲座应当成为公共图书馆服务的重要内容.图书馆学刊,2006(2)

[29]缪建新.图书馆讲座的原则.图书馆工作与研究,2006(1)

[30]鲍宗豪等.城市的素质、风骨与灵魂——城市文化圈与文化精神研究.上海:上海人民出版社,2007

[31]易中天.读城记.上海:上海文艺出版社,2007

[32]张颖.从图书馆讲座看城市文化性格.四川图书馆学报,2006(4)

[33]孙东升,黄晓静.图书馆品牌应以文化为支撑.图书馆论坛,2004(6)

[34]张烽.品"名"论道之:品牌命名与中国机会.全球品牌网.http://www.globrand.com/2007/77708.shtml

[35]马海霞.营销策划理论在图书馆讲座中的应用.河南图书馆学刊,2007(2)

[36]翟新宁,田忠.讲座品牌六要素.山东图书馆季刊,2005(9)

[37]柯静.浅谈图书馆标志设计.图书馆建设,1998(6)

[38]柯静.假如公益讲座插上媒体的翅膀——对我馆公益讲座发展前景的一些思考.图书馆论坛,2005(2)

[39]柯静.佛山市图书馆公益讲座十年综述.图书与情报,2006(1)

[40]刘双喜.从广图讲座的实践谈公共图书馆讲座品牌的打造.重庆图情研究,2007(4)

[41]王世伟,赵景国.论图书馆讲座的功能与发展.江苏图书馆学报,2002(5)

[42]张彦,张洁.拓展国家图书馆服务职能的新尝试——"部级领导干部历史文

化讲座"两年回顾.国家图书馆学刊,2004(2)

[43]袁文倩.图书馆自办讲座如何体现人文关怀.山东图书馆季刊,2003(4)

[44]图书馆讲座与城市文化建设.文化部全国文化信息资源建设管理中心,上海图书馆上海科学技术情报研究中心编印,2005

[45]刘久昌.读者工作.北京:北京图书馆出版社,2001

[46]马恒东.公共图书馆强化社会服务功能的对策.江苏图书馆学报,2001

[47]吴建中,陈凌康,赵景国.城市教室:上海图书馆市民讲座——上海图书馆讲座活动二十五年回顾.图书馆杂志,2003(11)

[48]王晓健.关于公共图书馆寻求社会支持的探索.图书馆建设,2004(3)

[49]王惠君,苟昌荣.图书馆文化论.长沙:湖南大学出版社,2004

[50]吴郁.提问:主持人必备之功.北京:中国广播电视出版社,2008

[51]姚淑慧.构建公共图书馆讲座的公共关系体系.图书馆学研究,2005(12)

[52]王静,白虹.现代城市的大教室——成都图书馆公益讲座.信息服务与管理,2006(1)

[53]杨军.广告不能这样做.北京:中国经济出版社,2007

[54]邓凤英.图书馆服务的一种方式——公益讲座.晋图学刊,2004(6)

[55]张喜珍.浅谈对图书馆讲座工作的认识.牡丹江大学学报,2006(12)

[56]柳枫.公共图书馆如何开展读书活动.中国科技信息,2005(17)

[57]刘静雅.略谈图书馆讲座活动的作用.图书馆论坛,2006(6)

[58]贾昌荣.大型公众活动策划与品牌管理.科技咨询导报,2006(2)

[59]侯明廷,蔡放.公益活动策划新战例.市场观察,2003(10)

[60]李艳.论主持人的人文素养.中国广播电视学刊,2006(4)

[61]曾素萍.主持人的内在素养与外在表现.播音与主持,2000(10)

[62]王小红.浅谈网络环境下图书馆信息的发布和利用.农业图书情报学刊,2006(3)

[63]严梅福:团队管理与团队建设.湖北大学成人教育学院学报,2004,22(2)

[64][美]斯蒂芬.P.罗宾斯著,孙健敏等译.企业行为学.北京:中国人民大学出版社,2003

[65]碧泠,陈枫.主持人是怎样炼成的.北京:北京工业大学出版社,2005

[66]陈尚义,吴秋明.论团队建设.福建医科大学学报(社会科学版),2006,7(1)

[67]容海萍.图书馆沟通服务新论.图书馆学刊,2006(2)

[68]张启林.用先进文化打造卓越团队——温州市图书馆团队文化建设,山东图

书馆季刊,2005(4)

[69] Jon R Katzenbach ,Douglas K Smith. 团队修炼. 北京：清华大学出版社,2004

[70] 胡丽芳,张焕强. 团队管理实务. 深圳：海天出版社,2004

[71] 王润良,李建清,刘琛. 团队学习的过程、条件与氛围. 河北建筑科技学院学报(社科版),2004（2）

[72] 竺培芬. 整合营销传播学. 上海：上海交通大学出版社,2000

[73] 赵士林. 网络传播论. 上海：上海交通大学出版社,2002

[74] 戴元光. 传播学通论. 上海：上海交通大学出版社,2000

[75] 苏勇. 品牌通鉴. 上海：上海人民出版社,2003

[76] 李婷. 论企业品牌文化建设. 武汉大学硕士学位论文,2005

[77] 朱立. 品牌文化战略研究. 中南财经政法大学博士学位论文,2005

后 记

公益讲座自 2005 年年底"全国农村文化工作会议"在佛山召开后,如雨后春笋般在全国各级公共图书馆开始兴办。公益讲座由于其公益性、开放性、知识性深受市民喜爱,讲座事业如火如荼地发展壮大起来了。公益讲座成为图书馆社会服务的新品牌,赢得了市民的热捧及政府的赞扬;讲座也成为当地公共文化服务的重要内容,为促进全民社会阅读,打造人文文化环境起到了积极的社会作用。

2006 年年底,中国图书馆学会着手编撰公共图书馆系列丛书,其中一本是关于公共图书馆公益讲座的,佛山市图书馆荣幸地接受了这一写作任务。回顾佛山市图书馆公益讲座十五年历程,从无到有,从小到大,从每月一场到每年一百多场的讲座发展,公益讲座这一社会服务现象值得认真梳理和总结,把经验和取得的成绩与同行分享,让更多的中小型图书馆能够把公益讲座办得更好,从讲座的社会效益和社会影响力中得到更多的收益,让政府和社会更多地关注公共图书馆,这是写作此书的初衷和愿望吧。

为了不辱使命,佛山市图书馆成立此书编委会,由王惠君提出了编写框架,经编委会委员讨论形成大纲。第一章由杨河源、柯静撰写;第二章由柯静撰写;第三章由蔡峻撰写;第四章由温树凡撰写;第五章由王惠君撰写;讲座名录由蔡峻整理;温树凡对全书初稿进行了统稿。由于才疏学浅,难以从理论高度去把握公益讲座这一公共文化服务的规律,定有疏漏与不当之处,恳请同仁指正。

最后,我们要感谢国家图书馆卓连营研究馆员在组织此书编撰工作中付出的努力,他对该书大纲提出了建设性意见,有助于大纲的完善。感谢中国图书馆学会对佛山市图书馆的信任,使佛山市图书馆有机会对公益讲座进行全面而细致的思考并做了有益的探索。感谢国家图书馆出版社的大力支持,使此书得以顺利出版。感谢在编撰中对本书默默给予支持的"引文文献"、"参考文献"和"案例文献"的作者。

王惠君
2010 年 12 月